COMMENT RENFORCER L'INDÉPENDANCE DE LA MAGISTRATURE AU SÉNÉGAL ?

BABACAR NGOM

COMMENT RENFORCER L'INDÉPENDANCE DE LA MAGISTRATURE AU SÉNÉGAL ?

L'Harmattan

5-7, rue de l'École-Polytechnique ; 75005 Paris

http://www.librairieharmattan.com
diffusion.harmattan@wanadoo.fr
harmattan1@wanadoo.fr

ISBN : 978-2-343-05158-1
EAN : 9782343051581

DÉDICACE

Je dédie ce livre à feue ma mère **Fatou Der DIALLO** rappelée à Dieu le 28 juillet 2014 à Dagana.

Qu'Allah ait pitié de son âme par la grâce du Prophète Mohamed (PSL) !

PRÉFACE

Dans toute démocratie réelle, l'indépendance et l'impartialité de la justice sont deux exigences fondamentales. L'une ne va pas du reste sans l'autre. Aussi, le Sénégal, qui s'est proclamé un État démocratique, a tenu à inscrire dans le préambule de sa Constitution du 22 janvier 2001 son attachement au respect et à la consolidation d'un État de droit dans « lequel L'État et les citoyens sont soumis aux mêmes normes juridiques sous le contrôle d'une justice indépendante et impartiale ».

L'indépendance du pouvoir judiciaire est ainsi reconnue à l'article 88 de la même Constitution, de même que par l'adhésion et la ratification de divers instruments internationaux qui y font référence comme la Déclaration universelle des droits de l'homme de 1948, le Pacte international relatif aux droits civils et politiques de 1966, etc.

L'indépendance et l'impartialité de la justice garantissent en effet aux justiciables que toutes les décisions de justice sont prononcées par les juges en toute liberté de conscience, selon les lois et règlements en vigueur, sans discrimination et sans l'interférence d'aucun autre Pouvoir ou d'aucune puissance de quelque nature que ce soit. Elles constituent donc le fondement de l'État de droit et le moyen essentiel de sa sauvegarde.

L'exemple du Sénégal montre cependant que la consécration même par voie constitutionnelle du principe de l'indépendance et de l'impartialité de la justice ne suffit pas toujours à en garantir l'effectivité.

C'est ce qui ressort notamment des constatations faites par Monsieur Babacar NGom, qui font l'objet de la présente publication. Monsieur Babacar NGom est un haut fonctionnaire sénégalais qui a occupé des fonctions élevées dans diverses administrations de l'État avant d'aborder une carrière juridique que lui ouvre l'acquisition, à la suite d'efforts constants, non seulement de toutes les qualifications requises à cet effet, mais aussi d'une expérience rare sur la société de son pays et sur les rouages de son administration. Il assume depuis le 1er mars 2010 les fonctions de juge au Tribunal d'instance hors classe de Dakar.

L'ouvrage qu'il nous présente, très bien écrit, facile à lire et très didactique, passe en revue l'organisation de la justice au Sénégal et permet à l'auteur de s'interroger sur l'indépendance de ceux qui sont chargés de l'assurer : les magistrats. C'est à travers la Constitution, les lois et règlements qu'on peut juger des garanties d'indépendance offertes aux magistrats, et qui les mettent à l'abri des pressions ou menaces qui pourraient peser sur leur faculté de juger en toute liberté.

C'est dans la séparation entre le pouvoir politique et le pouvoir judiciaire que réside la première condition d'indépendance de la justice. Dans les conditions actuelles de fonctionnement de nos États, toute confusion entre ces deux pouvoirs aboutit inévitablement à la subordination de la justice à des intérêts particuliers. Cette séparation suppose donc que le Pouvoir législatif et le Pouvoir exécutif ne puissent intervenir dans la sphère de la justice autrement que par la fixation des normes au respect desquelles le juge aura ensuite la charge de veiller, et que le juge lui-même s'abstienne d'empiéter dans des compétences qui ne sont pas de son domaine.

Se fondant sur cette double exigence, Monsieur Ngom se demande si les garanties statutaires offertes aux magistrats permettent aux Sénégalais de disposer d'un système judiciaire où le seul ordre qui s'impose aux juges dans l'exercice de leur fonction est l'ordre de la loi. Il s'interroge en même temps sur les mécanismes techniques et juridiques qui sont de nature à améliorer l'indépendance de la magistrature ainsi que sur les mécanismes institutionnels ou organiques à envisager pour un contrôle permettant d'éviter tout abus de pouvoir ou tout enrichissement illicite de la part des magistrats dans l'exercice de leurs fonctions.

Parmi les garanties statutaires d'indépendance et d'impartialité des magistrats figure en premier lieu pour ceux du siège : l'inamovibilité. Selon ce principe, aucun magistrat du siège ne peut recevoir une nouvelle affectation même par avancement, sans son consentement. Il en est ainsi au Sénégal, l'objectif étant de protéger tous les magistrats du siège contre tout risque éventuel d'éviction arbitraire par les tenants du Pouvoir politique. Mais ce principe est très souvent contourné par le recours « aux nécessités de service » par lesquelles on tend à justifier le déplacement d'un magistrat du siège non désirable. L'arrêt Mbacké Fall du 8 avril 2002 du

Conseil d'État qui estime que, dans ce cas, l'autorité qui prend la décision n'a pas à fournir d'élément d'appréciation de nature à établir une quelconque nécessité de service ne contribue pas à encadrer de façon stricte cette dérogation.

Les entorses ne concernent pas que ce seul cas. L'auteur a pu constater dans la pratique une tendance qui consiste au Sénégal à poser des principes ou règles d'une pertinence indiscutable pour ensuite les vider de leur substance par des dérogations ou des assouplissements divers. C'est le cas notamment dans un secteur aussi important que celui du domaine public. En droit domanial, la règle d'inaliénabilité prévient les dilapidations éventuelles des patrimoines publics qui sont des biens appartenant à toute la nation. Cette inaliénabilité signifie en effet que les biens composant le domaine public ne peuvent être cédés à autrui. Pour permettre néanmoins cette cession, les autorités ont eu recours à la procédure du déclassement qui fait passer du jour au lendemain des biens immobiliers importants de la propriété publique à l'appropriation personnelle par des individus ou des groupes.

Depuis l'indépendance ces déclassements ont concerné tout autant le domaine public maritime, des terrains urbains autant que ruraux. La question revêt donc une dimension qui dépasse largement les questions relatives à l'indépendance et l'impartialité de la magistrature. Seule une enquête de grande envergure permettrait de situer à cet égard les responsabilités et d'identifier les bénéficiaires.

En tout état de cause, il faut savoir gré à Monsieur Babacar NGOM d'avoir entrepris un travail qui doit inciter à la réflexion, et nous voulons l'espérer, au débat sur des questions dont dépend en définitive l'instauration d'une véritable démocratie participative dans notre pays. Car il n'y a pas de démocratie participative comme celle à laquelle aspirent la plupart des Sénégalais sans un véritable État de droit qui repose sur une justice indépendante, sereine avec des magistrats indépendants, impartiaux et imbus de leurs responsabilités vis-à-vis de l'ensemble de la communauté nationale.

Pr Amadou Mahtar Mbow

Introduction générale

La contestation populaire, vigoureuse et musclée de l'arrêt du Conseil constitutionnel validant la candidature de maître Abdoulaye Wade à l'élection présidentielle de février 2012, avec tous les risques de dérèglement social et de menace de la paix civile qu'elle comportait, a posé avec acuité la nécessité pour le Sénégal d'évaluer globalement son système judiciaire afin de se doter d'un modèle qui inspire confiance au peuple.

La justice étant rendue au nom du peuple, ses décisions ne doivent pas souffrir de suspicion, au risque d'entraîner une délégitimation des magistrats chargés d'arbitrer les conflits dans la société. La justice, de par ses missions, est le garant de la paix et de la sécurité sociale. Pour cela, elle doit fonder ses décisions dans le respect strict de la règle de droit et de l'égalité de tous les citoyens devant la loi. Les actes juridictionnels qu'elle émet doivent aussi être protégés. Ils ne peuvent être remis en cause que par l'usage des voies de recours.

La garantie d'une justice inspirant confiance aux citoyens doit passer par l'existence d'un système judiciaire véritablement indépendant, c'est-à-dire l'absence de toute soumission des juges dans l'exercice de leur fonction juridictionnelle à des pouvoirs extérieurs publics ou privés. C'est d'ailleurs une condition essentielle de l'État de droit, une valeur essentielle de la république.

Pour garantir une justice véritable, indépendante du pouvoir politique, des partis politiques, des organisations syndicales, des médias, des groupes de pression et aussi du pouvoir d'argent, le constituant sénégalais a établi un pouvoir judiciaire et précisé qu'il est indépendant du pouvoir législatif et du pouvoir exécutif. Un Conseil supérieur de la magistrature est chargé de la gestion de la carrière des magistrats. Les magistrats sont ainsi associés, à travers leurs représentants dans ce conseil, à la protection de cette indépendance.

L'autonomie statutaire des magistrats est protégée par un statut particulier qui figure dans une loi organique. Le constituant a entendu par ce moyen accroître les garanties d'ordre statutaire applicable aux magistrats. Aussi, le magistrat du siège est-il protégé dans sa personne par la règle de l'inamovibilité, c'est-à-dire qu'il ne peut faire l'objet d'une affectation nouvelle, même d'une promotion, sans son consentement. Par ailleurs, pour mettre les magistrats à l'abri de toute tentation, le président Wade a entrepris, depuis 2000, un processus de revalorisation de leurs revenus et poursuivi la politique d'octroi de terrains à usage d'habitation à leur endroit entamée par le président Abdou Diouf.

Aujourd'hui, au regard de la défiance manifestée par les Sénégalais à l'égard de la justice à l'occasion de l'élection présidentielle de 2012, il y a lieu de s'interroger sur l'effectivité de l'indépendance de la justice. Autrement dit, les garanties d'indépendance offertes par notre Constitution, les lois et règlements tels que rappelés plus haut sont-ils suffisants et efficaces pour pouvoir concrétiser cette forte aspiration des Sénégalais à se doter d'un système judiciaire où le seul ordre qui s'impose aux magistrats dans l'exercice de leurs fonctions est l'ordre de la loi ? Par quels mécanismes techniques et juridiques faut-il améliorer l'indépendance de la magistrature ? Quels mécanismes institutionnels ou organiques faut-il aussi envisager pour un contrôle des magistrats afin d'éviter tout abus de pouvoir ou tout enrichissement illicite à partir de leurs fonctions ?

Le présent ouvrage est une contribution qui vise à apporter des réponses aux questions que se pose notre société, qu'agite l'opinion publique et sur lesquelles la coalition politique actuelle au pouvoir a pris des engagements fermes devant le peuple sénégalais au cours de la campagne électorale de l'élection présidentielle de février-mars 2012 et à travers les conclusions des « Assises nationales ».

Pour répondre à ces différentes questions, nous présenterons, dans une première partie, les bases légales de l'indépendance de la justice au Sénégal. Cette présentation mettra l'accent sur les garanties constitutionnelles de l'indépendance de la justice, sur celles découlant des règles d'organisation de la magistrature et du ministère de la Justice. Il s'agira de voir, à travers les dispositions constitutionnelles, légales et réglementaires, comment l'indépendance de la magistrature est garantie au Sénégal.

Nous tenterons ensuite, à travers une analyse de ces dispositions, d'apprécier la portée de cette indépendance. Il s'agira de mesurer le degré d'indépendance de la magistrature et de jauger son effectivité à la lumière des critères retenus au plan universel. Ces critères tournent, entre autres, autour de l'indépendance de la magistrature vue sous l'angle de la séparation des pouvoirs, de l'autonomie financière des juridictions et du mode de gestion de la carrière des magistrats.

L'analyse des dispositions qui organisent l'indépendance de la magistrature sera accompagnée, en même temps, de propositions de réforme sur chaque point soulevé.

Les questions touchant à l'organisation judiciaire étant d'une complexité et d'une technicité difficilement comprises par les non-initiés, nous avons choisi ce plan qui permet une présentation simple de l'organisation du système judiciaire, sans être exhaustif, en mettant l'accent sur les éléments jugés utiles à la compréhension du sujet. Ainsi, si les garanties d'indépendance prévues dans notre législation sont bien comprises par le lecteur non initié, les enjeux qui se posent dans la problématique de la réforme du système pour une meilleure indépendance de la justice seront bien perçus. En effet, cet ouvrage est surtout destiné à éclairer les citoyens épris de paix et de justice sociale mais qui, en raison de l'ésotérisme du droit, ne peuvent pas toujours apprécier à sa juste valeur notre modèle judiciaire.

CHAPITRE I

LES BASES LÉGALES DE L'INDÉPENDANCE DE LA MAGISTRATURE

Le principe de l'indépendance de la magistrature découle, d'une part, des dispositions de la Constitution et, d'autre part, des règles fixant l'organisation du système judiciaire.

SECTION I : LES PRINCIPES PROCLAMÉS PAR LA CONSTITUTION

La volonté du constituant sénégalais de marquer l'indépendance de la magistrature se lit à travers les principes proclamés par la Constitution. Il s'agit de la règle de la séparation des pouvoirs, de la soumission des juges à la seule autorité de la loi, du principe de l'inamovibilité, de l'existence d'un Conseil supérieur de la magistrature chargé de gérer la carrière des magistrats selon des modalités définies par les textes, mais aussi d'un statut des magistrats fixé par une loi organique.

LA RÈGLE DE LA SÉPARATION DES POUVOIRS. L'article 88 de la Constitution dispose que le pouvoir judiciaire est indépendant du pouvoir législatif et du pouvoir exécutif. La loi fondamentale parle bien de pouvoir judiciaire et non d'autorité judiciaire, pour bien marquer cette volonté d'indépendance attribuée à la justice.

À l'image de beaucoup de constitutions, cette disposition de notre loi fondamentale s'inspire de la pensée de Montesquieu qui, dans son ouvrage *De l'esprit des lois*, exposait une doctrine constitutionnelle reposant sur le principe sacro-saint de la séparation des pouvoirs législatif, exécutif et judiciaire.

L'INDÉPENDANCE DES JUGES. Ce principe d'indépendance des juges est proclamé par l'article 90, alinéa 2 de la Constitution qui affirme que les juges ne sont soumis qu'à l'autorité de la loi dans l'exercice de leurs fonctions.

Cette disposition cherche à soustraire les juges de l'influence des pouvoirs extérieurs publics ou privés. Ainsi, les actes juridictionnels qu'ils émettent doivent-ils être protégés. Ils ne peuvent être remis en cause que par l'exercice des voies de recours. Le pouvoir législatif ou le pouvoir exécutif ne peuvent ni annuler les décisions juridictionnelles, ni adresser aux juridictions des injonctions ou se substituer à elles dans le règlement des litiges relevant de leurs compétences.

LE PRINCIPE DE L'INAMOVIBILITÉ DU MAGISTRAT DU SIÈGE. Ce principe est affirmé à l'article 90, alinéa 3 de la Constitution. Il signifie que le juge ne peut recevoir une affectation nouvelle, même pour un avancement, sans son consentement préalable. L'inamovibilité n'est pas une faveur ou un privilège pour le juge. Elle vise à garantir l'indépendance de la justice.

L'EXISTENCE D'UN ORGANE SPÉCIFIQUE DE GESTION DE LA CARRIÈRE DES MAGISTRATS ET D'UN STATUT PARTICULIER. L'article 90, alinéa 4 prévoit que la compétence, l'organisation et le fonctionnement du Conseil supérieur de la magistrature, ainsi que le statut des magistrats, sont fixés par une loi organique. Cette disposition va dans le sens de garantir l'indépendance de la justice en dotant les magistrats d'une organisation spécifique et de protection particulière dans l'exercice de leurs fonctions. Le Conseil supérieur de la magistrature est ainsi chargé de la gestion de la carrière des magistrats et est compétent en matière disciplinaire. L'autonomie statutaire des magistrats est protégée par un statut particulier.

Par le recours donc à une loi organique pour fixer le cadre légal de gestion de la carrière des magistrats et par l'implication directe de ces derniers dans la gestion de leur carrière, le constituant cherche à offrir à la justice les condi-tions d'une véritable indépendance.

SECTION II : L'INDÉPENDANCE DE LA MAGISTRATURE À TRAVERS LES RÈGLES FIXANT L'ORGANISATION DU SYSTÈME JUDICIAIRE DU SÉNÉGAL

Il ne peut y avoir de pouvoir judiciaire indépendant sans l'existence d'organes autonomes spécifiquement chargés de trancher les conflits. C'est ainsi que, depuis l'accession du Sénégal à l'indépendance, le système judiciaire est bâti autour de cours et tribunaux dotés de compétences précises.

Cependant, cette autonomie des juridictions n'a pas exclu l'aménagement de prérogatives particulières du pouvoir exécutif dans le domaine judiciaire, à travers notamment les pouvoirs de nomination que détiennent le président de la République et le ministre de la Justice sur les magistrats ainsi que les rapports de subordination liant le Parquet à ces autorités. Il s'y ajoute que le ministre de la Justice est aussi doté, à travers ses directions et services, de pouvoirs d'administration et de direction des juridictions.

Une présentation sommaire du système judiciaire – organisation des cours et tribunaux, organisation et compétences du ministère de la Justice – peut permettre de s'imprégner des conditions d'indépendance de la magistrature.

L'ORGANISATION DES COURS ET TRIBUNAUX[1]. Nous examinerons successivement la Cour

---

[1] Il faut noter qu'une nouvelle loi N° 2014 -26 du 03 novembre 2014 a abrogé et remplacé la loi N° 84-19 du 2 février 1984 fixant l'organisation judiciaire. L'exposé des motifs précise que la nouvelle organisation judicaire repose essentiellement sur trois innovations majeures :

- La définition d'une nouvelle carte judicaire avec comme corolaire la création des tribunaux d'instance à la place des tribunaux départementaux et de tribunaux de grande instance à la place des tribunaux régionaux ;
- Une nouvelle répartition des compétences pour faire des tribunaux d'instance de véritables juridictions de proximité ;
- La création de chambres criminelles au niveau des Cours d'Appel et des tribunaux de grande instance.

Ainsi, aux termes de l'article 4 de la loi 2014- 26du 03 novembre 2014, les Tribunaux régionaux et les tribunaux départementaux sont remplacés respectivement par les Tribunaux de Grande Instance et les Tribunaux d'Instance ;

L'article 5 précise que l'organisation judicaire comprend :

suprême, le Conseil constitutionnel, la Cour des comptes, la Haute Cour de Justice, la Cour de répression de l'enrichissement illicite, les cours d'appel, les tribunaux de grande instance, les tribunaux d'instance et les tribunaux du travail.

LA **COUR SUPRÊME**, créée par l'ordonnance n° 60-17 du 3 septembre 1960, était jusqu'en 1992 l'unique juridiction placée au sommet de la hiérarchie judiciaire. La réforme du système judiciaire intervenue le 30 mai 1992, avec l'entrée en vigueur des lois organiques n° 92-23, n° 92-24 et n° 92-25, a fait naître trois juridictions supérieures : le Conseil constitutionnel, le Conseil d'État et la Cour de cassation. Cependant, la loi

---

La Cour suprême,
Les cours d'Appel,
Les tribunaux de grande instance (TGI) ;
Les tribunaux du travail (TT),
Les tribunaux d'instance (TI).
Ces juridictions connaissent de toutes les affaires civiles commerciales ou pénales, des différends du travail et de l'ensemble du contentieux administratif.
A la suite de la loi 2014-26du 03 novembre 2014, le décret n°2015-1039 du 20 juillet 2015 fixe désormais l'aménagement de l'organisation judiciaire, abrogeant le décret n° 84-1195 du 22 octobre 1984.
Aussi le décret n° 2015-1145 du 03 Aout 2015 fixe la composition et la compétence des cours d'appel, des tribunaux de grandes instance et des tribunaux d'instance, abrogeant ainsi le décret n° 84-1194 du 22 octobre 1984 fixant la composition et la compétence des cours d'appel, les tribunaux régionaux et les tribunaux départementaux

organique n° 2008-35 du 7 août 2008 créa à nouveau la Cour suprême, supprimant le Conseil d'État et la Cour de cassation.

Les compétences dévolues à la Cour suprême sont précisées aux articles 1 à 6 de ladite loi organique. La Cour suprême est juge en premier et dernier ressort de l'excès de pouvoir des autorités exécutives ainsi que de la légalité des actes des collectivités locales. Elle est compétente en dernier ressort dans les contentieux des inscriptions sur les listes électorales et des élections aux conseils régionaux, municipaux et ruraux, conformément aux conditions prévues par le code électoral.

Sous réserve des matières relevant de la compétence d'attribution d'autres juridictions, la Cour suprême se prononce sur les pourvois en cassation pour incompétence, violation de la loi ou de la coutume, dirigés contre les arrêts et jugements rendus en dernier ressort par toutes les juridictions, les décisions des conseils d'arbitrage des conflits collectifs de travail.

Elle connaît également, par la voie du recours en cassation, des décisions de la Cour des comptes et des décisions rendues en dernier ressort par les organismes administratifs à caractère juridictionnel.

La Cour suprême ne connaît pas du fond des affaires, sauf dispositions législatives contraires. Elle se prononce, en outre, sur les demandes en révision, les demandes de renvoi d'une juridiction à une autre pour cause de suspicion légitime ou de sûreté publique, les règlements de juges entre juridictions n'ayant au-dessus d'elles aucune juridiction supérieure commune autre que la Cour suprême. Elle se prononce aussi sur les demandes de prise à partie contre une cour d'appel, une cour d'assises ou une juridiction entière, sur les contrariétés de jugements ou arrêts rendus en dernier ressort entre les mêmes parties et sur les mêmes moyens entre différentes juridictions.

Outre ces compétences, il est créé des commissions juridictionnelles fonctionnant auprès de la Cour suprême. Il s'agit de la commission juridictionnelle chargée de statuer sur les demandes d'indemnités présentées par les personnes ayant fait l'objet d'une décision de détention provisoire et qui ont bénéficié d'une décision définitive de non-lieu, de relaxe ou d'acquitte-ment ; et de la commission juridictionnelle chargée de statuer sur les recours formés par les officiers de police judiciaire ayant fait l'objet d'une décision de suspension ou de retrait d'habilitation.

Par ailleurs, la Cour suprême, réunie en assemblée générale, a une compétence consultative. Elle peut ainsi être consultée par le président de la République, le président de l'Assemblée nationale et le gouvernement dans les conditions fixées à l'article 29 de la loi organique portant création de la Cour suprême.

Concernant son organisation et son fonctionnement, l'article 7 de la loi organique n° 2008-35 du 7 août fixe la composition de la Cour suprême. Elle se compose du premier président, des présidents de chambre, des conseillers, des conseillers délégués ou référendaires, du Procureur général, du premier avocat général, des avocats généraux délégués, du greffier en chef, des greffiers. Un décret fixe le nombre de magistrats dans les différents grades ou fonctions. Des auditeurs et des assistants de justice peuvent être affectés au service de la Cour suprême.

L'article 11 de la loi organique portant création de la Cour suprême prévoit que le premier président est chargé de l'administration et de la discipline de la cour et administre les crédits affectés à la Cour suprême. Il est assisté par le bureau de la Cour qui est formé sous sa présidence, du Procureur général, des présidents de chambres et du premier avocat général ; le secrétaire général de la Cour ; le directeur du service de documentation et d'études de la Cour.

Sans préjudice des attributions de l'inspecteur général de l'administration de la justice, le premier président de la Cour suprême est inspecteur général des cours et tribunaux. Il peut requérir le concours de tout autre magistrat ou personne qualifiée pour l'accomplissement d'une mission déterminée.

L'article 12 de la loi organique portant création de la Cour suprême précise que le Procureur général auprès de cette cour dirige le Parquet dont il assure la discipline. Il est aussi inspecteur général des Parquets sans préjudice des attributions de l'inspecteur général de l'administration de la justice.

L'article 19 de la loi organique précitée prévoit quatre chambres au sein de la Cour suprême : la chambre criminelle, qui connaît des pourvois en cassation, en matière pénale ; la chambre civile et commerciale, qui connaît des pourvois en cassation, en matière civile et commerciale ; la chambre sociale, qui connaît des pourvois en cassation, en matière sociale ; et la chambre administrative, qui connaît des pourvois en cassation en matière administrative ; celle-ci est juge, en premier et dernier ressort, de l'excès de pouvoir des autorités exécutives, ainsi que de la légalité des actes des collectivités locales ; elle est compétente, en dernier ressort, dans les contentieux des inscriptions sur les listes électorales et les élections aux conseils des collectivités locales. Et, d'une manière générale, elle juge les contentieux qui lui sont dévolus par le code électoral.

LE **CONSEIL CONSTITUTIONNEL** est composé de cinq membres nommés par décret par le président de la République pour une durée de six ans non renouvelables. Toutefois, deux membres au plus, excepté le président et le vice-président, peuvent être renouvelés tous les deux ans. Les fonctions de membres du Conseil constitutionnel sont incompatibles avec la qualité de membre du gouvernement ou d'un cabinet ministériel, avec l'exercice d'un mandat électif, avec l'exercice de la profession d'avocat, d'auxiliaire de la justice et de toute autre activité professionnelle privée.

Il ne peut être mis fin avant expiration au mandat d'un membre du Conseil constitutionnel que sur sa demande ou en cas d'incapacité physique, mais sur avis conforme du conseil.

Sauf cas de flagrant délit, les membres du Conseil constitutionnel ne peuvent être poursuivis, arrêtés, détenus ou jugés en matière pénale qu'avec l'autorisation du conseil.

Au terme de l'article 92 de la Constitution, le Conseil constitutionnel connaît de la constitutionnalité des règlements intérieurs des assemblées législatives, des lois et des engagements internationaux, des conflits de compétence entre l'exécutif et le législatif, ainsi que des exceptions d'inconstitutionnalité soulevées devant la Cour suprême.

Le Conseil constitutionnel reçoit en outre les listes des candidats aux élections présidentielles et législatives. Il tranche les réclamations, se prononce sur les recours à l'occasion des élections et proclame les résultats définitifs des élections.

Les décisions du Conseil constitutionnel ne sont susceptibles d'aucune voie de recours. Elles s'imposent aux pouvoirs publics et à toutes les autorités administratives et juridictionnelles.

Pour LA **COUR DES COMPTES**, sa compétence est définie par l'article 92, alinéa 5 de la Constitution et par la loi organique n° 2012-23 du 27 décembre 2012 abrogeant et remplaçant la loi organique n° 99-70 du 17 février 1999, notamment en ses articles 29 à 32. En effet, elle juge les comptes des comptables publics. Elle vérifie la régularité des recettes et des dépenses et s'assure du bon emploi des crédits, fonds et valeurs gérés par les services de l'État ou par les autres personnes morales de droit public. Elle assure la vérification des comptes et de la gestion des entreprises publiques et organismes à participation financière publique. Elle déclare et approuve les gestions de fait. Elle sanctionne les fautes de gestion commises à l'égard de l'État, des collectivités locales et des organismes soumis à son contrôle.

La Cour des comptes exerce aussi un contrôle non juridictionnel qui vise à apprécier la réalisation des objectifs assignés, le coût des biens et services produits, les prix pratiqués et les résultats financiers. À la différence des autres corps de contrôle, les vérifications de la Cour des comptes ne portent que sur les gestions budgétaires ou exercices clos.

En outre la Cour des comptes évalue les politiques et programmes publics. Elle peut, aussi, vérifier la mise en œuvre des dispositifs d'évaluation des projets et programmes soumis à son contrôle et en apprécier les résultats

Au terme des dispositions de la loi organique n° 2012-23 du 27 décembre 2012, la Cour des comptes se compose de magistrats qui sont : le président de la cour, les présidents de chambre, les chefs de section, les conseillers maîtres, les conseillers référendaires, les conseillers.

Les magistrats de la Cour des comptes jouissent de l'inamovibilité prévue en faveur des magistrats du siège des cours et tribunaux de la république et sont régis par un statut particulier défini par une loi organique. Ils sont nommés par décret après avis du conseil supérieur de la Cour des comptes. Le ministère public est exercé par le Procureur général nommé par décret.

Les formations de la Cour des comptes sont : l'audience plénière solennelle, les chambres réunies, la chambre de discipline financière, les chambres. Des sections peuvent être constituées à l'intérieur de chaque chambre.

La cour comprend, en outre, deux formations consultatives : le comité des rapports et des programmes et la conférence des présidents et du Procureur général. Le président de la Cour des comptes assure la direction générale de la cour, organise et coordon-ne les travaux. Il est assisté d'un secrétaire général.

LA **HAUTE COUR DE JUSTICE** est instituée par l'article 99 de la Constitution. C'est une juridiction chargée de juger le président de la République, le Premier ministre et les ministres.

L'article 101 de la Constitution précise dans ce cadre que le président de la République n'est responsable des actes accomplis dans l'exercice de ses fonctions qu'en cas de haute trahison, que le Premier ministre et les autres membres du gouvernement sont pénalement responsables des actes accomplis dans l'exercice de leurs fonctions et qualifiés crime ou délit au moment où ils ont été commis. Les complices du Premier ministre et des ministres sont jugés par la Haute Cour de Justice dans le cas de complot contre la sûreté de l'État.

L'article 100 de la Constitution prévoit que la Haute Cour de Justice est composée des membres élus par l'Assemblée nationale après chaque renouvellement du Parlement. L'article 1 de la loi organique n° 2002-10 du 22 février 2002, portant loi organique sur la Haute Cour de Justice, précise que celle-ci se compose du premier président de la Cour suprême, président, et de huit juges titulaires. La Haute Cour de Justice comprend en outre, un président suppléant, le président de la chambre pénale de la Cour suprême et huit juges suppléants.

Suivant l'article 8 de la loi organique précitée, le président suppléant remplace automatiquement le président titulaire en cas d'empêchement. Tout juge titulaire absent ou empêché est remplacé par un suppléant désigné par tirage au sort public parmi les suppléants élus.

Après chaque renouvellement et dans le mois qui suit sa première réunion, l'Assemblée nationale élit huit juges titulaires et huit juges suppléants en son sein.

L'article 11 de la loi organique sur la Haute Cour de Justice crée auprès de celle-ci une commission d'instruction présidée par le premier président de la cour d'appel de Dakar, suppléé en cas d'empêchement par le président de la chambre d'accusation de la Cour et comprenant quatre membres titulaires et quatre suppléants.

Les membres titulaires et suppléants de la commission sont désignés au début de chaque année judiciaire parmi les magistrats du siège de la cour d'appel de Dakar par l'assemblée générale de cette cour hors la présence des membres du Parquet.

L'article 12 de la loi organique sur la Haute Cour de Justice précise que le ministère public près la Haute Cour est exercé par le Procureur général près la Cour suprême, suppléé par le premier avocat général près ladite Cour en cas d'empêchement.

Suivant l'article 13 de ladite loi, le service du greffe est assuré par le greffier en chef de la Cour suprême suppléé, en cas d'empêchement, par le greffier de la chambre pénale de cette Cour.

La saisie de la Haute Cour de Justice débute par un acte de mise en accusation qui se matérialise par une résolution de l'Assemblée nationale, statuant par un vote au scrutin secret à la majorité des trois cinquièmes des membres la composant. Cette résolution contient les prénoms, noms et fonctions des accusés ainsi que l'énoncé sommaire des faits qui leur sont reprochés. Les membres des assemblées faisant partie de la Haute Cour ne prennent part ni aux débats ni au vote sur la mise en accusation.

La résolution est transmise sans délai par le président de l'Assemblée nationale au Procureur général. Dans les vingt-quatre heures de la réception de la résolution, le Procureur général notifie la mise en accusation au président de la Haute Cour et au président de la commission d'instruction. La commission d'instruction est convoquée sans délai sur ordre de son président qui invite chaque inculpé à faire assurer sa défense par un avocat régulièrement inscrit ou par toute personne de son choix.

Faute par un inculpé de déférer à cette invitation, il lui désigne un défenseur d'office parmi les avocats inscrits. Jusqu'à la réunion de la commission d'instruction, son président peut accomplir tous les actes d'information utiles à la manifestation de la vérité et peut décerner tout mandat contre les accusés.

Dès sa première réunion, la commission confirme, le cas échéant, les mandats décernés par son président. Dans la mesure où il n'y est pas dérogé par la loi organique portant Haute Cour de Justice, la commission d'instruction procède à tous les actes qu'elle juge utiles à la manifestation de la vérité selon les règles édictées par le code de procédure pénale et spécialement celles qui assurent les droits de la défense.

Les actes de la commission d'instruction ne sont susceptibles d'aucun recours. La commission d'instruction rend une décision de renvoi qui apprécie s'il y a charges suffisantes de l'existence des faits énoncés dans la résolution de mise en accusation, sans pouvoir modifier la qualification de ces faits. Si l'instruction fait apparaître des faits d'un autre ordre que ceux énoncés dans la résolution de mise en accusation, la commission ordonne la communication du dossier au Procureur général.

Le Procureur saisit le président de l'Assemblée nationale. Si l'Assemblée nationale n'a pas adopté, dans les dix jours suivant la communication du Procureur général, une motion étendant la mise en accusation, la commission reprend l'information sur les derniers éléments de la procédure. Lorsque la procédure lui paraît complète, la commission ordonne, s'il y a lieu, le renvoi devant la Haute Cour.

Les actions en réparation de dommages ayant résulté de crimes et délits poursuivis devant la Haute Cour ne peuvent être portées que devant les juridictions de droit commun. À la diligence du Procureur général, les accusés reçoivent huit jours au plus tard avant leur comparution devant la Haute Cour signification de l'ordonnance de renvoi.

Les débats de la Haute Cour sont publics. La Haute Cour peut exceptionnellement ordonner le huis clos.

La Haute Cour, après clôture des débats, statue sur la culpabilité des accusés. Il est voté séparément pour chaque accusé sur chaque chef d'accusation et sur la question de savoir s'il y a lieu des circonstances atténuantes. Le vote a lieu par bulletins secrets à la majorité absolue. Si l'accusé est déclaré coupable, il est voté sans désemparer sur l'application de la peine. Toutefois, après deux votes dans lesquels aucune peine n'aura obtenu la majorité des voix, la peine la plus forte proposée dans ce vote sera écartée par le vote suivant et ainsi de suite en écartant chaque fois la peine la plus forte jusqu'à ce qu'une peine soit prononcée par la majorité absolue des votants.

Les arrêts de la Haute Cour ne sont susceptibles ni d'appel ni de pourvoi en cassation. Toutefois, ils sont susceptibles de révision dans les formes et conditions légales.

La **Cour de répression de l'enrichissement illicite** ou **CREI** est une juridiction spéciale de répression du délit d'enrichissement illicite, créée par la loi n° 81-54 du 10 juillet 1981 ; cette juridiction a été réactivée suite à l'avènement du président Macky Sall au pouvoir en 2012.

L'enrichissement illicite peut résulter soit du détournement des deniers publics, soit des faits de la corruption.

Les personnes justiciables de la Cour de répression de l'enrichissement illicite sont énumérées par la loi. Il s'agit : des titulaires d'un mandat public électif ou d'une fonction gouvernementale, des magistrats, des agents civils ou militaires de l'État ou d'une collectivité publique, des personnes revêtues d'un mandat public, des dépositaires publics et des officiers publics ou ministériels, des notaires et de leurs clercs, des experts comptables et agréés, des huissiers et de leurs clercs, des dirigeants et agents de toute nature des établissements publics, des sociétés nationales, des sociétés d'économie mixte soumises au contrôle de l'État.

Aux termes de la loi sur l'enrichissement illicite, le délit est constitué lorsque, sur simple mise en demeure, une des personnes désignées ci-dessus se trouve dans l'impossibilité de justifier l'origine licite des ressources qui lui permettent d'être en possession d'un patrimoine ou de mener un train de vie sans rapport avec ses revenus légaux.

La loi n° 81-53 du 10 juillet 1981 a institué les règles de procédure devant la CREI ainsi que les organes chargés de la poursuite, de l'instruction et du jugement du délit d'enrichissement illicite que sont le Parquet spécial, la commission d'instruction et la Cour de répression de l'enrichissement illicite.

La procédure suivie devant ces différents organes présente des spécificités, avec une phase de poursuite, une phase d'instruction préparatoire et une phase de jugement.

Le Procureur spécial près la Cour de répression de l'enrichissement illicite est seul chargé de poursuivre le délit d'enrichissement illicite. L'enquête préliminaire ne peut être menée que sur ses instructions écrites. Il a, dans les affaires de sa compétence, les mêmes attributions que les Procureurs de la République, selon l'article 4, alinéa 2 de la loi 81-53.

Le Procureur spécial peut, d'office ou sur la base des rapports de police, de rapports administratifs, plaintes ou dénonciations, adresser des instructions écrites aux officiers de police judiciaire en vue de l'enquête préliminaire. S'il existe des indices d'enrichissement illicite à l'endroit du mis en cause, le Procureur spécial lui notifie, sur convocation, qu'il sera poursuivi de ce délit. Il l'informe en même temps de son droit de se faire assister d'un conseil de son choix et d'obtenir communication des pièces du dossier quarante-huit heures avant la date retenue pour son audition. Le jour venu, la personne mise en cause est entendue par le Procureur spécial. Ce dernier l'informe des résultats de l'enquête relativement au montant de ses ressources, comparé au détail des éléments de son patrimoine ou de son train de vie, et le met en demeure de justifier ces éléments dans le délai d'un mois. Le procès-verbal de la mise en demeure est dressé immédiatement.

Après audition, plusieurs situations peuvent se présenter. Si le mis en cause justifie suffisamment l'origine licite de ses biens, l'affaire est classée ;

s'il ne parvient pas à apporter des justifications suffisantes, le Procureur spécial saisit la commission d'instruction.

Il faut remarquer ici qu'il appartient au mis en cause d'apporter la preuve de l'origine licite de son enrichissement, alors qu'en droit pénal, le principe est que la charge de la preuve appartient à l'accusation. Comme dit l'adage : « *Actori incumbit probatio.* »[2] Devant la CREI, la charge de la preuve se trouve ainsi renversée.

La deuxième phase, celle de l'instruction préparatoire, est obligatoire pour la saisine de la cour spéciale. Elle est du ressort de la commission d'instruction siégeant de manière collégiale avec quatre membres que sont le président et trois juges. En cas de partage de leur voix, celle du président est prépondérante.

L'article 11 de la loi 81-53 prévoit que les règles de procédure de droit commun sont applicables à l'instruction. La commission d'instruction peut décerner tout mandat, procéder à des interrogations et auditions, délivrer des commissions rogatoires ou délégations judiciaires. Le délai d'instruction

---

[2] Littéralement : « Il faut prouver ce qu'on allègue » ; ce qui signifie, en droit, que la preuve incombe au demandeur (NDE).

d'un dossier est de six mois à compter de la saisine de la commission d'instruction.

L'instruction aboutit à un arrêt de non-lieu ou à un arrêt de renvoi devant la Cour de répression de l'enrichissement illicite. Seul l'arrêt de non-lieu peut être frappé d'appel par le Procureur spécial et devant la cour. Aucune autre décision de la commission d'instruction ne peut faire l'objet d'un recours.

L'ultime phase est la phase de jugement. La Cour de répression de l'enrichissement illicite est juge en premier et dernier ressort du délit d'enrichissement illicite et de tout autre délit connexe (concussion, recel). La décision de la cour doit intervenir dans les deux mois. Elle rend des arrêts de condamnation ou de relaxe en audience publique où à huis clos. Ses arrêts sont suscepti-bles de recours en cassation devant la Cour suprême. La procédure suivie devant la Cour de répression de l'enrichissement illicite est celle applicable devant le tribunal correctionnel, précise l'article 14 de la loi 81-53.

Quelques observations méritent d'être évoquées sur certaines spécificités et particularités de la procédure suivie devant la CREI. En effet, les règles de procédure en vigueur devant la CREI dérogent à, bien des égards, aux procédures de droit commun admises devant les juridictions correctionnelles. Ces dérogations portent notamment sur la restriction de l'exercice du droit d'appel contre les décisions rendues par la commission d'instruction et les arrêts de la cour spéciale et sur le renversement de la charge de la preuve.

Concernant la restriction de l'exercice du droit d'appel contre les décisions rendues par la commission d'instruction et les arrêts de la Cour spéciale, l'article 13, alinéa 1 de la loi 81-54 du 10 juillet 1981 créant la CREI dispose : « Les décisions de la commission d'instruction ne sont susceptibles d'aucun recours. Toutefois, l'arrêt de non-lieu peut être frappé d'appel devant la CREI, par le Procureur spécial. » L'article 17 de la même loi précise que « les arrêts de la Cour sont susceptibles d'un pourvoi en cassation du condamné ou du ministère public dans les conditions prévues par l'ordonnance 60-17 du 3 septembre 1960 portant loi organique sur la Cour suprême ».

Il y a lieu de faire remarquer que les dispositions précitées remettent en cause le principe fondamental du double degré de juridiction, garant du procès équitable pour tout justiciable.

Le principe relatif au droit inaliénable de la défense est garanti par la Constitution du Sénégal qui dispose à son article 9, alinéa 4 que « la défense est un droit absolu dans tous les états et tous les degrés de la procédure ». Ce principe s'affirme dans le monde d'aujourd'hui comme un droit fondamental qui a même valeur de *jus cogens*. Dès lors, le législateur sénégalais devrait conformer la loi 81-54 du 10 juillet 1981 aux dispositions de la Constitution et aux principes universels, en instituant un droit effectif d'appel sans restriction. Cela ne préjudicierait en rien de l'efficacité recherchée dans la poursuite judiciaire et donnerait plus de crédibilité à l'action de la CREI.

Concernant le renversement de la charge de la preuve, l'article 3 de la loi 81-53 relative à la répression de l'enrichissement illicite (article 163 bis du Code pénal) dispose : « Le délit d'enrichissement est constitué lorsque, sur simple mise en demeure, une des personnes désignées ci-dessus se trouve dans l'impossibilité de justifier de l'origine licite des ressources qui lui permettent d'être en possession d'un patrimoine ou de mener un train de vie sans rapport avec ses revenus légaux. » Cette disposition a été fortement décriée par beaucoup de juristes, de praticiens du droit et par les personnes poursuivies devant la CREI, du fait, selon eux, qu'elle porte atteinte à un principe fondamental, celui de la présomption d'innocence, autre garantie du droit de la défense. Car en matière pénale, la charge de la preuve incombe à l'accusateur.

Vu sous l'angle strict du droit de la défense, ce débat juridique ne rend pas compte de la justification de ce choix opéré par le législateur. En effet, la création de la CREI en 1981 procédait d'un souci de protection plus efficace des deniers publics à travers une législation, des règles plus adaptées. Car, malgré l'existence, avant la création de la CREI, de dispositions sévères de répression des délits de détournement de deniers publics, l'accumulation de richesses mal acquises n'a jamais cessé. Et, de nos jours, la délinquance financière prend des proportions inquiétantes au plan mondial. Elle est constituée de diverses activités illicites interrelationnelles connues sous le vocable de crimes transnationaux organisés.

Ces crimes peuvent être relatifs à la corruption, au trafic des drogues, la contrefaçon, la contrebande des médicaments, le trafic des armes, le trafic des espèces de faune et de flore en voie de disparition, la fraude douanière. Les activités illicites ci-dessus énumérées génèrent au profit des délinquants de fortes sommes d'argent qu'ils s'emploient à réintroduire dans le circuit de l'économie légale avec le maximum de stratégies sécurisées. Il s'agit du blanchiment d'argent qui consiste à dissimuler l'origine frauduleuse de revenus issus d'activités illicites, en vue de leur conférer une apparence de légalité.

Pour y parvenir, les délinquants financiers utilisent plusieurs mécanismes. Notamment le placement, par diverses techniques sophistiquées, de l'argent liquide dans le système bancaire en dissimulant son origine illégale ; l'empilage technique de dissimulation des ressources qui consiste à recourir à des valses de transferts bancaires de l'argent déposé pour brouiller les pistes. Les paradis fiscaux sont les destinations privilégiées. Les délinquants utilisent aussi l'inté-gration dans les circuits légaux, c'est-à-dire le recyclage de l'argent : les fonds sont alors réinvestis dans l'économie légale et vont se mélanger à l'argent provenant d'une activité économique normale.

La mondialisation de l'économie et le développement des technologies offrent de multiples opportunités pour l'investissement des capitaux blanchis. Ainsi, les délinquants financiers ayant recours à des techniques sophistiquées de camouflage et de dissimulation des infractions commises, il convient, pour une efficacité de la répression de l'enrichissement illicite, de recourir à des stratégies et techniques de poursuite judiciaire des crimes économiques et financiers adaptées qui dérogent aux règles des droits de la personne pour un procès équitable.

Ce renversement de la charge de la preuve opéré devant la CREI répond à cet impératif d'efficacité et de protection absolue des deniers de la collectivité nationale. Il ne porte pas grief au droit de la défense en ce sens que la personne mise en cause ne peut être inquiétée si elle parvient à justifier de l'origine licite de ses biens.

La protection du bien commun appartenant à tous justifie ce choix du législateur. Ce choix est conforme au principe de bonne gouvernance érigée en valeur constitutionnelle au Sénégal.

Autres juridictions, LES **COURS D'APPEL** sont des instances de second degré en ce sens qu'elles connaissent de l'appel de toutes les décisions rendues en premier ressort par les tribunaux de grande instance. La cour d'appel statue sur les litiges relatifs aux élections des conseils municipaux et régionaux, des membres des chambres de métiers, des chambres de commerce et des conseils des ordres professionnels. Aussi, en ce qui concerne les élections du président de la République et des députés, la cour veille au déroulement des opéra-tions de vote, à la régularité du scrutin, au recensement des votes et procède à la proclamation des résultats provisoires. La cour d'appel reçoit le serment des magistrats, des avocats et des notaires.

Les cours d'appel sont régies par le décret n° 2015-1145 du 03 août 2015. Jusqu'en 1992, il n'y avait sur le territoire sénégalais qu'une seule cour d'appel, celle de Dakar. Le ressort de la cour d'appel s'étendait à l'ensemble de la République du Sénégal.

Il existe aujourd'hui une cour d'appel à Kaolack, à Saint-Louis, à Thiès et à Ziguinchor.

La cour d'appel est présidée par un magistrat appelé premier président assisté d'un secrétaire général. Elle comprend en outre les présidents de chambre et les conseillers.

En sus de ses attributions juridictionnelles liées à sa fonction de juge, le premier président exerce des activités administratives. À ce titre, il assure la répartition du travail des différentes chambres entre les présidents, la répartition de toutes les affaires en appel sauf celles correctionnelles, le roulement des conseillers dans les différentes chambres, le roulement des audiences. Le premier président est assisté dans ses attributions administratives par le secrétaire général qui est magistrat.

Il existe en outre un Parquet près la cour d'appel, dirigé par un magistrat appelé Procureur général. En tant que chef du Parquet, il assure la répartition des affaires d'appel correctionnelles et coordonne les activités des avocats généraux, substituts généraux, qui sont des magistrats qui l'assistent et concourent au bon fonctionnement du service. Ils représentent indifféremment le ministère public pendant les audiences.

LES **TRIBUNAUX DE GRANDE INSTANCE (TGI)** remplacent les tribunaux régionaux aux termes de la loi 2014-26 du 3 novembre 2014 abrogeant et remplaçant la loi 84-19 du 2 février 1984 fixant l'organisation judiciaire et du décret 2015-1145 du 3 août 2015 fixant la composition de la compétence des cours d'appel, des Tribunaux de Grande Instance et des Tribunaux d'instance.

Ce changement de dénomination des juridictions est guidé par le souci d'un découplage avec l'organisation administrative. Le décret 2015-1039 portant aménagement de l'organisation judiciaire précise le siège, le ressort, le classement et la composition des différentes juridictions.

Les tribunaux de grande instance (TGI) connaissent, sans préjudice des dispositions spéciales concernant le jugement des infractions pénales commises par les mineurs et sous réserve de dispositions légales particulières, de tous les délits autres que ceux qui sont réservés à la compétence des tribunaux d'instance.

Les tribunaux de grande instance (TGI) connaissent, tant en matière civile que commer-ciale, de l'ensemble des matières qui ne sont pas de la compétence des tribunaux d'instance. Ils connaissent également de l'ensemble du contentieux administratif et fiscal, à l'exception du recours pour excès de pouvoir et des recours en matière électorale dont la compétence est dévolue à une autre juridiction par des dispositions législatives et réglementaires particulières.

Les jugements des tribunaux de grande instance (TGI) sont rendus en premier ressort à charge d'appel. L'appel des jugements rendus par les tribunaux de grande instance est porté devant la cour d'appel. Les tribunaux de grande instance sont juges d'appel des décisions rendues par les tribunaux d'instance en matière civile, commerciale et de simple police. Les jugements rendus en dernier ressort peuvent faire l'objet d'un pourvoi en cassation porté devant la Cour suprême.

Les tribunaux de grande instance sont dirigés par un président assisté de vice-présidents. Ils sont composés de magistrats répartis dans les différentes chambres constituées.

Les décisions sont prises de manière collégiale.

Auprès de chaque tribunal de grande instance existent des cabinets d'instruction dirigés par des magistrats, en raison d'un par cabinet et qui exercent des fonctions de juges d'instruction.

Les fonctions du ministère public sont exercées par un Procureur de la République au niveau de chaque tribunal de grande instance, assisté par des substituts.

Il est institué au sein de chaque tribunal de grande instance une chambre criminelle qui a plénitude de juridiction pour juger en premier ressort les personnes renvoyées devant elle pour des infractions qualifiées de crimes et toutes autres infractions connexes.

Sont considérés, entre autres, comme crimes au Sénégal certains cas de vols aggravés, le meurtre, l'assassinat, l'infanticide, l'incendie volontaire, le trafic international de drogue.

LES **TRIBUNAUX D'INSTANCE** ont été créés en remplacement des tribunaux départementaux par la loi n° 2014-26 du 03 novembre 2014 fixant l'organisation judiciaire.

Les tribunaux d'instance connaissent de tous les faits qualifiés de contraventions de police commis dans l'étendue de leur ressort. Ils connaissent des délits pour lesquels la loi leur a donné compétence.

Les tribunaux d'instance connaissent de l'action civile, engagée conjointement à l'action publique mise en œuvre pour la poursuite des infractions relevant de leur compétence, quel que soit le montant de la demande.

Le tribunal d'instance connaît en matière civile et commerciale de toutes les actions personnelles ou mobilières en dernier ressort, jusqu'à la valeur de 300 000 francs CFA et à charge d'appel jusqu'à la valeur de 2 000 0000 de francs. Le tribunal d'instance connaît des actions relatives au contrat de louage d'immeubles à usage d'habitation.

Les tribunaux d'instance connaissent également en premier ressort, quel que soit l'objet du litige, des actions relatives au bail à usage commercial au sens des dispositions prévues à l'article 101 de l'Acte uniforme du 15 décembre 2010 portant sur le droit commercial général lorsque le montant du loyer mensuel est inférieur ou égal à 100.000 CFA

Dans les mêmes limites, il connaît également des demandes en autorisation, validité, nullité ou mainlevée de saisie-revendication alors même qu'il y aurait contestation de la part d'un tiers.

Le tribunal d'instance connaît, lorsque les causes de la saisine sont dans les limites de sa compétence, des demandes en nullité, ou main-levée des saisies sur débiteurs forains, des contestations en matière de saisie des récoltes sur pied et des contestations en matière de saisie-vente.

Le tribunal d'instance a, en outre, qualité pour autoriser, s'il y a lieu, les saisies susvisées dont les causes n'excèdent pas les limites de sa compétence.

Le tribunal d'instance connaît, en premier ressort et quelle que soit la valeur du litige, de toutes les actions relatives au statut du personnel. Il est notamment compétent pour connaître des demandes en paiement, révision ou suppression de pension alimentaire.

Les tribunaux d'instance connaissent de toutes les demandes reconventionnelles ou en compensation qui, par leur nature ou leur valeur, sont dans les limites de leur compétence.

L'appel des jugements rendus par les tribunaux d'instance en matière civile, commerciale, de statut personnel ou de simple police est porté devant le tribunal de grande d'instance. L'appel des jugements rendus par les tribunaux d'instance dans les affaires correctionnelles relevant de leur compétence et sur l'action civile ou directe, engagée conjointement à l'action publique dans lesdites affaires, est porté devant la cour d'appel.

Les jugements rendus en dernier ressort peuvent faire l'objet d'un pourvoi en cassation devant la Cour suprême.

Quant à leur composition, à la tête de chaque tribunal d'instance est nommé un magistrat qui exerce les fonctions de président. En dehors de ses fonctions de juge, il coordonne les activités de cette juridiction et répartit les affaires entre les différents juges.

L'article 9 de la loi n° 2014-26 du 03 novembre 2014 fixant l'organisation judiciaire prévoit que désormais que le tribunal d'instance statue en formation collégiale et en nombre impair, sauf si l'effectif est inférieur à trois magistrats, non compris les juges d'instruction

Dans chaque tribunal d'instance, un juge, désigné par arrêté du ministre de la Justice garde des Sceaux, remplit les fonctions de juge d'instruction. Il peut être institué auprès du tribunal d'instance un délégué du Procureur de la République chargé d'exercer les fonctions du ministère public telles qu'elles sont définies par la loi, sous l'autorité du Procureur de la République près le tribunal de grande instance dans le ressort duquel est situé le siège du tribunal d'instance. Pour les tribunaux d'instance qui ne comportent pas de ministère public, ou en cas d'absence du délégué du Procureur de la République, l'action publique est exercée par le chef de la juridiction qui est investi des pouvoirs du Procureur de la République dans les conditions fixées aux articles 36 et 38 du code de procédure pénale.

LE **TRIBUNAL DU TRAVAIL** est une juridiction spécialement et exclusivement compétente pour régler des différends individuels nés à l'occasion du contrat de travail.

La loi du 1er septembre 1997 en son article L.229 dispose que le tribunal du travail est compétent en matière de litiges individuels nés entre travailleurs et employeurs dans les cas suivants : contrat de travail, contrat d'apprentissage, conventions collectives, conditions de travail, régime de sécurité sociale. En outre, les litiges entre les institutions de prévoyance sociale (Caisse de sécurité sociale et Institution de prévoyance retraite du Sénégal) relèvent de la compétence du tribunal du travail. Les actions récursoires des entrepreneurs contre les tâcherons relèvent également de la compétence de cette juridiction.

Le tribunal du travail statue en premier et dernier ressort, sauf du chef de la compétence.

Le tribunal du travail comprend un président, un assesseur travailleur titulaire, un assesseur employeur titulaire, des secrétaires et des greffiers.

Le président est un magistrat professionnel qui préside la juridiction et les audiences. Il assure l'administration du tribunal. En raison du volume des affaires, le président du tribunal du travail est assisté de plusieurs autres magistrats professionnels. Les assesseurs titulaires et suppléants apportent leurs expériences des usages et particularités du monde du travail à ces magistrats. Ils sont nommés par arrêté du ministre du Travail sur les listes présentées par les organisations syndicales. Leur mandat est de deux ans renouvelables.

Sur le plan de la formation, le tribunal du travail est divisé en sections professionnelles présidées par des magistrats assistés par deux assesseurs. Le nombre de sections varie en fonction du volume du contentieux.

LE MINISTÈRE PUBLIC. Nous examinerons tour à tour les fonctions du ministère public et les règles d'organisation qui gouvernent le fonctionnement des Parquets.

C'est l'article 23 du code de procédure pénale qui fixe la mission du ministère public. Il exerce, en effet, l'action publique et requiert l'application de la loi. Il veille à l'exécution des décisions de justice. Le ministère public est aussi appelé Parquet, car historiquement, en France, ses membres se tenaient sur le Parquet de la salle d'audience et non sur l'estrade réservée aux juges ; ou encore magistrature debout, car ses représentants se lèvent pour requérir, à l'inverse de la magistrature assise ou siège, composée de juges.

La présence du Parquet à une audience correctionnelle est une condition de validité des décisions rendues. Il est représenté au niveau de toutes les juridictions de jugement. Le ministère public existe aussi en matière civile. La fonction essentielle du ministère public est de poursuivre. Mais, il ne décide pas lui-même. Il est partie au procès et non juge.

Cependant le Parquet détient une position particulière à ce procès, car il défend les intérêts de la société. C'est ainsi que le code de procédure pénale confère au magistrat du Parquet un certain nombre de prérogatives. Il dispose de pouvoirs beaucoup plus importants que les autres parties. Avant l'ouverture d'une instruction, il peut accomplir personnellement tous actes d'enquête en cas de crimes ou délits flagrants, constater lui-même toutes les infractions qui se commettent et recevoir les plaintes et les dénonciations les concernant.

Au cours de l'instruction, il doit présenter ses réquisitions pour toute demande de mise en liberté provisoire émanant de l'inculpé, il peut inviter par réquisitoire supplétif le juge d'instruction à procéder à tous actes lui paraissant utiles à la manifestation de la vérité, demander à tout instant communication de la procédure à charge de la restituer dans les vingt-quatre heures, interjeter appel de toutes ordonnances du juge d'instruction.

Contrairement au ministère public, les autres parties au procès, personnes inculpées et partie civile, ont des droits moins étendus. Elles peuvent seulement se faire assister d'un conseil et interjeter appel de certaines ordonnances.

Cependant, après clôture de l'instruction, le Parquet a sensiblement les mêmes droits que les autres parties.

Ces pouvoirs conférés au ministère public visent à obtenir une répression juste et non systématique. Le ministère public peut classer l'affaire sans suite au lieu de poursuivre, organiser une médiation dans le souhait de ne pas poursuivre, requérir un non-lieu total ou partiel, l'acquittement, la relaxe ou l'indulgence du juge lorsqu'il constate que les charges qui avaient motivé la poursuite se sont révélées finalement inexistantes ou faibles, interjeter appel en vue de faire corriger une peine jugée excessivement sévère, demander la nullité de la citation qui a saisi la juridiction de jugement à la requête de la partie civile.

Le Parquet exerce aussi des fonctions vis-à-vis de la police judiciaire. En effet, le ministère public a la haute main sur la police judiciaire. L'article 12 du code de procédure pénale prévoit que « la police judiciaire est exercée sous la direction du Procureur de la République par les officiers et agents de police judiciaire ainsi que par les fonctionnaires et agents auxquels sont attribuées par la loi certaines fonctions de police judiciaire. Selon l'article 13 dudit code, « dans le ressort de la cour d'appel, la police judiciaire est placée sous la surveillance du Procureur général et sous le contrôle de la chambre d'accusation ».

Suivant l'article 30 du Code de procédure pénale, tous les officiers et agents de la police judiciaire sont placés sous la surveillance du Procureur général. Il peut les charger de recueillir tous renseignements qu'il estime utiles à une bonne administration de la justice. Il peut aussi, en cas de faute de leur part, saisir à des fins disciplinaires la chambre d'accusation.

La police judiciaire est chargée donc, sous la direction du Parquet, de rechercher et de constater les infractions à la loi pénale, d'en rassembler les preuves et d'en rechercher les auteurs, tant qu'une information n'est pas ouverte.

Lorsqu'une information est ouverte, elle exécute les délégations des juridictions d'instruction et défère à leurs réquisitions.

En ce qui concerne les règles d'organisation qui gouvernent le fonctionnement des Parquets, elles sont essentiellement au nombre de quatre : le ministère public est hiérarchisé, indivisible, irresponsable et indépendant.

D'abord, tous les magistrats du ministère public sont **hiérarchisés**. Contrairement aux magistrats du siège qui ne peuvent en principe recevoir d'ordre de personne et qui ne prennent leurs décisions que selon la loi, leur conscience et leur intime conviction, les magistrats du Parquet peuvent recevoir des ordres de leur supérieur hiérarchique.

Les magistrats du Parquet sont avant tout des fonctionnaires du pouvoir exécutif même s'ils restent toujours des magistrats.

Ainsi, le ministre de la Justice, garde des Sceaux est le chef du ministère public. L'article 28 du code de procédure pénale permet au ministre de la Justice de « dénoncer au Procureur général les infractions à la loi pénale dont il a connaissance, lui enjoindre d'engager ou de faire engager les poursuites, ou de saisir la juridiction compétente de telles réquisitions écrites qu'il juge opportunes. »

Le Procureur général près la cour d'appel dispose des mêmes pouvoirs vis-à-vis des Procureurs de la République près les tribunaux régionaux de son ressort, suivant l'article 29 du code de procédure pénale.

Le Procureur de la République peut aussi donner des instructions à ses substituts dans la conduite de telle ou telle affaire ou au délégué près le tribunal départemental.

Il convient de faire remarquer que ce système hiérarchique, fondé sur l'obéissance, appelle des sanctions. C'est ainsi qu'il est prévu diverses sanctions disciplinaires en cas de manquement à ce principe de subordination hiérarchique. Ces sanctions vont de l'appel à l'ordre, voire au déplacement, à la rétrogradation, voire la révocation, car les magistrats du Parquet sont amovibles et révocables, contrairement aux juges du siège.

Cependant, ce devoir d'obéissance envers les supérieurs comporte deux limites qui cherchent à conférer aux magistrats du Parquet une certaine liberté d'appréciation. La première limite résulte de la notion de pouvoir propre des chefs de Parquet. Cela signifie que les procureurs généraux et les Procureurs de la République peuvent ne pas suivre les instructions de leurs supérieurs hiérarchiques. Ils peuvent se refuser à poursuivre malgré l'ordre, même formel de leurs supérieurs, et ces derniers ne peuvent pas se substituer à eux car un acte relatif à la poursuite ne peut être entrepris que par le chef de Parquet auquel la loi donne exclusivement compétence. Cette règle n'est pas valable à l'intérieur d'un même Parquet car les substituts doivent scrupuleusement se conformer aux injonctions de leur Procureur.

La deuxième limite au devoir d'obéissance est relative à la liberté dont dispose le magistrat du Parquet lorsqu'il requiert à l'audience. Cette règle se traduit par un adage ancien qui disait que la plume est serve, mais la parole est libre. Autrement dit, l'obéissance s'impose pour les actes écrits, mais la parole est libre à l'audience.

Il y a ensuite le **principe d'indivisibilité** du ministère public. Ce principe permet aux magistrats du Parquet de pouvoir se relayer sur une même affaire en cours de jugement. Ce qui n'est pas le cas pour les magistrats du siège pour des affaires discutées en audience et mises en délibéré.

Une autre règle qui gouverne le fonctionnement des Parquets est le **principe de l'irresponsabilité**. Ce principe signifie que si le magistrat du Parquet exerce l'action publique à tort, il ne peut être condamné ni aux frais ni à des dommages et intérêts, parce que l'action publique est exercée au nom de la société et de l'ordre public.

Enfin, quatrième règle essentielle régissant le fonctionnement des Parquets est le **principe d'indépendance**. Les magistrats du Parquet sont indépendants vis-à-vis des magistrats qui composent les juridictions d'instruction et de jugement. Ce principe est la conséquence de celui de la séparation des fonctions de poursuite, d'instruction et de jugement. C'est ainsi que ces magistrats ne peuvent, sous peine de nullité de leurs décisions, donner des injonctions au ministère public.

L'indépendance du ministère public se manifeste également dans ses rapports avec les particuliers, c'est-à-dire les justiciables. Il ne peut recevoir d'ordre de ces derniers. Il a seul qualité pour apprécier de l'opportunité ou non des poursuites et de décider du mode selon lequel ces poursuites vont être développées.

ORGANISATION DU MINISTÈRE DE LA JUSTICE. Le ministère de la Justice comprend le secrétariat général, le cabinet du ministre, les services rattachés et les directions.

LE **SECRÉTARIAT GÉNÉRAL** est dirigé par un secrétaire général qui assiste le ministre dans l'exécution de la politique gouvernementale. À ce titre, il est chargé de la préparation et du contrôle de l'exécution des décisions ministérielles, du contrôle et de la présentation au ministre des actes soumis à sa signature, des relations et de la coordination avec les autres départements ministériels en vue de l'exécution des décisions interministérielles.

LES **SERVICES RATTACHÉS AU CABINET** sont l'Inspection générale de l'administration de la justice, le Conseil consultatif national des droits de l'homme, le Centre de formation judiciaire, la Cellule d'exécution administrative et financière, le Service de communication.

L'Inspection générale de l'administration de la justice est chargée de l'inspection permanente des services et organismes relevant du ministère de la Justice et des juridictions, à l'exception de la Cour suprême. Le Centre de formation judiciaire est chargé de la formation initiale et continue des magistrats, greffiers et autres professionnels de la justice. Le Service de communication est chargé de la mise en œuvre de la politique de communication du ministère. Notons que les directeurs et directeurs adjoints de l'administration centrale sont nommés par décret, sur proposition du Garde des sceaux, ministre de la Justice.

LES **DIRECTIONS** comprennent : la Direction des affaires civiles et du sceau, la Direction des affaires criminelles et des grâces, la Direction des services judiciaires, la Direction de l'éducation surveillée et de la protection sociale, la Direction des droits humains, la Direction de l'administration pénitentiaire, la Direction des constructions des palais de justice et autres édifices, la Direction de l'administration générale et de l'équipement, la Direction de l'informatique et des systèmes de communication, le Centre national des archives judiciaires.

La Direction des affaires civiles et du sceau est chargée :

- de l'établissement des projets de textes législatifs et réglementaires à caractère civil, commercial et administratif ;
- de la conservation et de l'apposition des sceaux de l'État ;
- de l'animation et du contrôle de l'action du ministère public en matière civile, commerciale et sociale ;
- de l'introduction des pourvois en cassation dans l'intérêt de la loi dans les matières relevant de sa compétence ;
- de l'exercice des attributions dévolues à la chancellerie en matière de nationalité ;
- de la réglementation et du contrôle des professions judiciaires et de la sauvegarde des successions en déshérence et des biens vacants ;
- de la préparation des conventions internationales portant sur des matières relevant de sa compétence, notamment en matière d'adoption internationale et de veiller à leur application ;
- du contrôle du service de l'état civil et de l'instruction des dossiers de naturalisation ;
- de l'exécution des commissions rogatoires en matière civile ;

- du suivi du bon fonctionnement de l'aide juridictionnelle ;
- de la signification et de la notification des actes civils en provenance ou à destination de l'étranger.

La Direction des affaires criminelles et des grâces est chargée :

- de l'établissement des projets de textes législatifs et réglementaires à caractère pénal ;
- de la conduite des études du droit pénal et de la procédure pénale et de la participation à tous travaux dans ces domaines ;
- de l'animation, du contrôle de l'exercice de l'action publique et du suivi d'une manière générale des attributions du ministère de la Justice en la matière ;
- de l'instruction des recours en grâce et de la préparation des lois d'amnistie ;
- de l'étude des recours en révision et en réhabilitation ;
- de l'instruction des demandes de libération conditionnelle en relation avec la direction de l'Administration pénitentiaire ;

- de la surveillance de l'exécution des condamnations et du suivi du bon fonctionnement du casier judiciaire national ;
- du contrôle et de la liquidation des frais de justice en matière criminelle, correctionnelle et de simple police ;
- du suivi de questions relatives aux tribunaux militaires ;
- de l'application des mesures d'entraide répressive internationale.

La Direction des services judiciaires est chargée :

- de l'établissement, en liaison avec les autres directions, des textes concernant l'organisation, le fonctionnement, la composition et les effectifs des juridictions ;
- de la préparation de toute réforme de nature à améliorer le fonctionnement des juridictions ;
- de la contribution à la préparation et à l'application des statuts particuliers, du recrutement des magistrats et des fonctionnaires des services judiciaires et des services centraux ;
- de la préparation des mesures individuelles relatives à la nomination, à l'attribution ou

au retrait de fonctions, au déroulement de carrière, à la position statutaire et à la cessation définitive de fonctions de magistrat ;

- de la préparation des tableaux d'avancement et des listes d'aptitude, en déterminant la situation des magistrats, des greffiers en chef, des greffiers et autres personnels relevant de sa compétence au regard de la réglementation statutaire et indiciaire ;
- de tous les actes de gestion du personnel judiciaire ;
- de la gestion du personnel de l'assistance technique en liaison avec la direction de l'assistance technique au Sénégal ;
- de la gestion du personnel non judiciaire ;
- de l'étude et de l'instruction des recours gracieux concernant les affaires relevant de sa compétence ;
- de la liaison avec le Conseil supérieur de la magistrature ;
- de l'établissement des propositions de décoration et des distinctions honorifiques.

La direction de l'éducation surveillée et de la protection sociale est chargée de l'ensemble des questions intéressant la protection, la rééducation et la réinsertion des enfants et jeunes âgés de zéro à vingt-et-un ans, en danger ou en conflit avec la loi. À ce titre, elle :

- étudie et concourt à l'élaboration des projets de texte dans les domaines de la prévention et du traitement de la délinquance juvénile et de la protection sociale ;
- participe aux activités concernant la protection de la jeunesse ;
- mène une action de prévention et de réadaptation sociale et familiale envers les enfants, les jeunes, les familles et leur environnement ;
- contrôle l'action des établissements privés qui agissent dans les domaines relevant de sa compétence.

La Direction de l'administration pénitentiaire est chargée :

- de l'exécution des décisions judiciaires prononçant une peine privative de liberté et des mesures relatives à la détention provisoire ;
- de la préparation à l'insertion et à la réinsertion sociale des détenus.

À ce titre :

- elle concourt à l'élaboration des projets de textes législatifs et réglementaires relevant de sa compétence ;
- elle élabore la réglementation et assure la gestion des établissements pénitentiaires ;
- elle assure le contrôle général des services extérieurs ;

La Direction des constructions des palais de justice et autres édifices est chargée, sur l'ensemble du territoire :

- de la gestion de l'infrastructure et du patrimoine bâti du ministère de la Justice ;
- de la maîtrise d'ouvrage de construction, de la voirie et des travaux divers ;
- de l'aménagement des espaces verts ;
- de la maintenance et de la réhabilitation de l'infrastructure (grosses réparations, menues réparations, entretiens courants) ;
- des études architecturales et techniques ;
- de la réalisation de tout équipement technique (système de vidéosurveillance, sécurité, incendie, climatisation et autres accessoires).

La Direction de l'administration générale et de l'équipement est chargée :

- de la préparation, de concert avec les directions et services, du projet de budget du ministère de la Justice ;
- du suivi, avec les directions et services compétents, de l'exécution des budgets et programmes du ministère ;
- de la gestion des matériels mobiliers et meubles des services centraux ainsi que du parc automobile.

La Direction de l'informatique est chargée :

- d'assurer le bon fonctionnement des systèmes informatiques ;
- de proposer les grandes évolutions technologiques, conformément aux orientations du ministère ;
- de la gestion du parc informatique et réseaux placés sous sa responsabilité et d'en assurer la maintenance.

CHAPITRE II

PORTÉE DU PRINCIPE DE L'INDÉPENDANCE DE LA MAGISTRATURE AU SÉNÉGAL

Il apparaît au chapitre précédent que la Constitution du Sénégal proclame et affirme clairement l'indépendance de la magistrature.

Les dispositions relatives à l'organisation judiciaire, aux statuts des magistrats et au fonctionnement du ministère de la Justice constituent aussi des bases légales de l'indépendance de la magistrature. L'analyse de ces dispositions permet d'apprécier la portée de cette indépendance telle que proclamée par la Constitution. Autrement dit, il s'agira de tenter de localiser, de jauger l'existence ou le degré de cette indépendance dans ces différents textes.

Pour parvenir à ce but, nous allons fonder notre analyse à la fois sur les dispositions textuelles mais en même temps sur des indicateurs objectifs de l'indépendance de la magistrature admis au plan international. Il s'agit, entre autres, des trois critères essentiels de l'indépendance de la magistrature dégagés en 1985 par la Cour suprême du Canada dans l'affaire Valente, à savoir la sécurité institutionnelle, l'inamovibilité et la sécurité financière.

Notre analyse sera complétée par des propositions de réformes en vue d'une meilleure indépendance de la magistrature.

SECTION I : L'INDÉPENDANCE DE LA MAGISTRATURE VUE SOUS L'ANGLE DE LA SÉPARATION DES POUVOIRS

En proclamant l'indépendance du pouvoir judiciaire vis-à-vis des pouvoirs exécutif et législatif, le constituant sénégalais cherche à soustraire le magistrat de toute influence extérieure.

Ce principe est malheureusement mis en échec par les liens de subordination entre les magistrats du Parquet et le ministre de la Justice, le pouvoir exorbitant de nomination que détient le président de la République sur les magistrats et le caractère fortement politique de la Haute Cour de Justice.

UNE FORTE DÉPENDANCE DES MAGISTRATS DU PARQUET VIS-À-VIS DU POUVOIR EXÉCUTIF. L'article 28 du code de procédure pénale fait du ministre de la Justice, garde des Sceaux, le chef suprême du ministère public. Par cette position du ministre de la Justice, le gouvernement oriente l'action du Parquet dans le sens qu'il souhaite. Cette situation peut favoriser une impunité pour certaines personnes avec comme conséquence la disparition de l'égalité des citoyens devant la loi.

Cette subordination des procureurs généraux au ministre de la Justice n'est ni logique ni normale, car le Parquet général ne doit dire le droit qu'en se fondant sur la loi et non sur d'autres considérations. Il faudrait donc couper le garde des Sceaux du Parquet et faire du Procureur général près la Cour suprême un Procureur général de la République qui serait le chef naturel du ministère public et dirigerait les poursuites publiques. Cette option contribuerait largement à dépolitiser en partie la justice et à mettre un frein à l'impunité. Il convient de noter d'ailleurs que plusieurs législations étrangères ont déjà consacré cette idée d'un Parquet indépendant du pouvoir exécutif : c'est le cas de l'Italie et du Portugal.

Cette option impliquerait donc une redéfinition du rôle du ministre de la Justice dans la conduite de l'action publique. En effet, il doit uniquement assurer la mise en œuvre de la politique d'action publique et ne plus s'immiscer dans la gestion des affaires individuelles. Dans ce sens, l'abrogation de l'article 28 du code de procédure pénale est souhaitable.

Cette conception d'un Parquet totalement indépendant peut favoriser un léger risque de développement du corporatisme ou engendrer des inégalités graves et des dérapages. C'est la raison pour laquelle il serait indispensable de lier hiérarchiquement les Procureurs de la République à un organe central.

Ainsi, le Procureur près la Cour suprême devenu Procureur général de la République pourrait jouer ce rôle. Le rôle très important que joue ce haut magistrat dans la distribution de la justice doit amener à prévoir des règles satisfaisantes pour sa désignation. Il pourrait être élu à la fois par le Parlement et les magistrats à une majorité renforcée.

Ce débat sur la suppression ou non des liens de subordination du Parquet vis-à-vis du gouvernement traverse aujourd'hui notre société et révèle l'attachement du peuple au principe d'indépendance de la magistrature. Certains esprits sont favorables au maintien de ces liens au motif que leur suppression conduirait à ce qu'ils appellent « la république des juges ». Ils mettent aussi en avant la nécessité pour un gouvernement de décider parfois de l'opportunité des poursuites, pour certaines raisons liées à la cohésion nationale. Ces esprits prônent simplement que le ministre de la Justice s'immisce moins dans le fonctionnement des Parquets.

Nous souhaiterions faire observer ici que les partisans du maintien du système actuel ne donnent aucune garantie d'une non-immixtion du garde des Sceaux dans le fonctionnement de la justice. Le respect de ce principe dépend largement du degré d'imprégnation des dirigeants politiques des valeurs républicaines. Or la pratique politique dans notre pays révèle plutôt une gestion trop partisane de l'État. Donc, le meilleur système, celui qui garantit la non-immixtion du gouvernement dans le fonctionnement du Parquet, serait celui qui prévoit des mécanismes institutionnels précis d'indépendance et non celui qui repose sur un pari sur la probité, l'honnêteté ou le caractère des dirigeants politiques, principes creux dans la pratique politique africaine. C'est dans ce contexte d'ailleurs qu'il faut situer les propos du président américain Barack Obama : « L'Afrique a plus besoin d'institutions fortes que d'hommes forts. »

L'OMNIPRÉSENCE DU PRÉSIDENT DE LA RÉPUBLIQUE DANS LA NOMINATION DES MAGISTRATS. L'omniprésence du président de la République dans la nomination des magistrats se lit à travers l'article 89 de la Constitution qui fait du chef du pouvoir exécutif la seule autorité nommant les membres du Conseil constitutionnel. Cette nomination, souligne maître Doudou Ndoye dans son ouvrage *La Constitution sénégalaise du 7 janvier 2001 commentée*, relève d'un pouvoir discrétionnaire. Aucune condition n'est exigée dans le choix des membres et aucune procédure ni modalité exigée du président de la République.

Poursuivant son commentaire, maître Ndoye fait remarquer que le contentieux des élections législatives du 29 avril 2001 (décision du Conseil constitutionnel relative à l'effigie du président de la République et celle relative au recours en annulation des élections) montre à quel point ce pouvoir discrétionnaire du président de la République, institué par l'ancien président de la

République Abdou Diouf et maintenu, laisse planer le risque d'un choix obéissant à des intérêts politiques avec les risques évidents d'une dérive non souhaitée dans l'interprétation des textes de la république. Le contentieux sur la candidature du président Abdoulaye Wade à l'élection présidentielle de 2012 donne tout leur sens à ces propos prémonitoires de l'avocat Doudou Ndoye.

L'article 90 de la Constitution accorde aussi des pouvoirs exorbitants au président de la République dans la nomination des magistrats. En effet, cet article précise que tous les magistrats de l'ordre judiciaire sont nommés par le président de la République après avis du Conseil supérieur de la magistrature.

Commentant cette disposition toujours dans le même ouvrage, maître Doudou Ndoye constate que « le Conseil supérieur de la magistrature étant effectivement présidé par le président de la République, il est difficile d'envisager une opposition nette des membres du conseil au souhait du président de la République ». Cela est d'autant plus vrai que l'article 90 n'exige que l'avis des membres du conseil sans préciser le caractère de cet avis, c'est-à-dire s'il s'agit d'un avis simple ou conforme ; ce qui, en droit, laisse au président le droit de passer outre.

Ces pouvoirs de nomination du président de la République sur les magistrats ne garantissent nullement l'indépendance attendue de la justice. Ces textes des articles 89 et 90 de notre Constitution ne favorisent guère le respect des droits et libertés définis par la Constitution et dont le pouvoir judiciaire est censé être le gardien au terme de l'article 90 de notre loi fondamentale. En effet, en tant qu'acteur du jeu politique, chef de parti et représentant des intérêts de son camp et de ses alliés, le président de la République ne réunit pas toutes les conditions d'objectivité et de neutralité devant lui permettre de choisir les magistrats chargés d'arbitrer les rivalités politiques. Son immixtion dans le fonctionnement de la magistrature, favorisée par son pouvoir de nomi-nation, est à l'origine de cette impunité dénoncée par tous ceux qui sont épris d'une justice qui garantit l'effectivité de l'égalité de tous les citoyens devant la loi telle que proclamée par notre Constitution.

En déclarant dans son tout premier discours à la nation, le 3 avril 2012, qu'il ne protégera personne et qu'il laissera les organes de contrôle faire librement leur travail, sans entraves, le président

Macky Sall, au-delà de sa volonté de neutralité, démontre par ces propos tous les pouvoirs d'influence que peut posséder un président de la République dans notre système politique anachronique qui donne le pouvoir à un seul homme de nommer à tous les postes civils et militaires, et de manière discrétionnaire.

Ces pouvoirs exorbitants du président de la République, sans encadrement juridique contraignant, hérités de la France, peuvent être à l'origine de toutes sortes de dérives si on n'y prend pas garde. D'ailleurs, conscients de ces dérives, le président de la République française François Hollande a déclaré lors de son discours d'investiture, le 15 mai 2012 : « Je ne déciderai pas pour tous, pour tout et partout. »

L'indépendance de la magistrature vis-à-vis du pouvoir exécutif exige donc la réforme des conditions de nomination des magistrats. Cette réforme passe nécessairement par une suppression ou un meilleur encadrement des pouvoirs du président de la République en matière de nomination des magistrats. Dans ce cadre, s'agissant du Conseil constitutionnel, ses membres devraient être choisis sur la base de profils et de critères bien définis, par plusieurs organes ou autorités, tout en veillant à ce qu'aucun de ces organes ou autorités ne puisse choisir un nombre de magistrats égal ou supérieur à la moitié des membres.

Les autorités dotées de ce pouvoir de désignation peuvent être le président de la République, l'Assemblée nationale et les magistrats par le biais d'une élection. Une fois choisis par les organes compétents, les membres du conseil doivent être nommés par le président de la République par décret, avec un pouvoir lié.

S'agissant des magistrats des cours et tribunaux, leur nomination doit être exclusivement proposée par le Conseil supérieur de la magistrature réformé et autrement composé. Ce conseil doit être composé de membres de droit et de membres élus. Les membres de droit peuvent être les présidents des cours et les procureurs généraux près lesdites cours. Les membres élus peuvent être composés de magistrats choisis par leurs pairs et de membres provenant des universités parmi les professeurs de droit et choisis par leurs pairs.

Les décisions prises par le Conseil supérieur de la magistrature en matière de nomination, d'affectation et en matière disciplinaire devront être sanctionnées par décret du président de la République, avec un pouvoir lié. Le Conseil supérieur peut choisir en son sein un président, un vice-président ainsi qu'un secrétaire permanent.

Le Conseil supérieur doit avoir son siège au sein de la Cour suprême et non à la présidence de la république. Ainsi, le président de la République et le ministre de la Justice, garde des Sceaux ne doivent plus être membres de ce conseil.

La réforme du système judiciaire à travers la rationalisation, l'encadrement voire la limitation ou suppression des prérogatives du président de la République en matière de nomination des magistrats, pour être efficace, doit être accompagnée par une autre réforme des pouvoirs du président de la République tels que définis dans notre Constitution.

En effet, les articles 44 et 45 de notre loi fondamentale confèrent au président de la République le pouvoir de nommer à tous les postes civils et militaires. Par cette position, le président de la République nomme de manière discrétionnaire les directeurs nationaux de l'administration centrale, les directeurs et directeurs généraux des sociétés nationales, établissements publics et agences. Il nomme aux emplois supérieurs dans l'armée, la police, la gendarmerie. Il nomme les ambassadeurs. Le président de la République n'est soumis à aucune contrainte dans le choix des personnes qu'il nomme. Il les coopte librement de par sa seule volonté suivant des critères que lui seul maîtrise. En dehors du critère d'appartenance à la hiérarchie A, les personnes sont nommées sans exigence d'autres critères préalablement définis et dont le respect s'impose au président de la République.

Ce manquement a pour effet de favoriser le critère partisan dans le choix des hommes. Le président de la République, en tant que chef de parti politique, peut tomber dans la tentation de servir ses hommes, son camp politique, de favoriser tel groupe ethnique ou religieux. La conséquence est qu'au lieu de s'appuyer sur les véritables ressources humaines, valeurs et compétences rigoureusement sélectionnées, le président de la République privilégie le critère politique. Cela se traduit par une forte politisation de l'administration. Ceux qui sont nommés, sans assurance quant à leur compétence technique, s'emploient, pour conserver leurs postes, à développer le parti au détriment de l'intérêt général. L'on ne saurait ne pas souligner les risques d'utilisation des deniers publics dans le financement des activités politiques. Ce qui ne cadre pas avec une politique de bonne gouvernance ni ne milite en faveur du développement économi-que et social du pays.

Au-delà de ces pouvoirs exorbitants, sans limite ni contrôle que détient le président de la République en matière de nomination à tous les emplois civils et militaires, conférés par la Constitution, notre système politique favorise aussi la dépendance du pouvoir législatif vis-à-vis du chef de l'État. En effet, de par sa position de chef de parti, le président de la République participe activement au choix des candidats de son parti ou de sa coalition aux élections. Ainsi, une fois élus, les députés, pour être reconnaissants au président chef de parti, soutiennent aveuglément sa politique, obéissant à ses ordres, notamment dans le choix du bureau de l'Assemblée nationale.

Cette pratique réduit l'Assemblée nationale à une simple chambre d'applaudissement du pouvoir exécutif, au lieu qu'elle soit un véritable creuset de débats constructifs sur les politiques du gouvernement et un centre de contrôle de son action.

La réforme judiciaire doit donc aller de pair avec une réforme des pouvoirs présidentiels, dans une approche systémique de modernisation, de rationalisation de nos institutions pour les adapter à un environnement de plus en plus aigu de compétition internationale. Cela est d'autant plus vrai que le système de dépendance du pouvoir judiciaire et du pouvoir législatif vis-à-vis du président de la République découle du choix du président Léopold Sédar Senghor qui, après la crise politique de 1962, a mis en prison ses adversaires politiques, avec à leur tête Mamadou Dia, l'ancien président du Conseil, supprimé le poste de Premier ministre pour mieux exercer directement le pouvoir avec l'installation du système du parti unique.

Ce système senghorien de forte concentration des pouvoirs entre les mains du président de la République gouverne toujours l'esprit de notre Constitution. Il urge de le repenser, de le réformer dans un contexte de démocratie, de décentralisation et d'émergence d'autres « leaderships » dans notre société.

Pour une bonne solution dans la recherche de meilleures institutions, le danger serait de réduire ce débat autour de l'alternative entre régime présidentiel et régime parlementaire. Il s'agit plutôt de voir comment redéfinir les prérogatives du président de la République, de sorte qu'il ne puisse plus dominer la justice et le Parlement, afin que puisse s'établir un équilibre réel des pouvoirs.

Pour ce faire, en sus des propositions de réformes des pouvoirs de nomination du président de la République sur les magistrats, il s'agira de promouvoir des règles d'encadrement de son pouvoir de nomination sur certaines fonctions, notamment celles relatives à la direction des services de l'administration centrale, des agences nationales, des établissements publics, des sociétés nationales. Au lieu donc d'être nommés de manière discrétionnaire, par le président de la République, ces dirigeants doivent être sélection-nés d'abord à la suite d'un appel public à candidatures. Ainsi le président de la République devra faire son choix parmi une liste restreinte de candidats retenus au terme de la compétition (cinq candidats par exemple). Ce pouvoir lié du président doit être prévu dans une loi.

Cette réforme ne trahit pas l'esprit de la Constitution qui donne au président de la République le pouvoir de nommer à tous les postes civils. Au contraire, cette loi va aménager l'exercice de ce pouvoir, en maintenant le caractère discrétionnaire tout en ajoutant une exigence de sélection dans les choix du président. En effet, l'aspect discrétionnaire apparaît dans le choix fait parmi cinq candidats. L'aspect sélection provient de l'appel public à candidatures.

Cette réforme a pour avantage d'être plus conforme aux exigences de bonne gouvernance, de démocratie et d'efficacité dans la gestion des affaires publiques. Notre niveau de développement démocratique et la qualité de nos ressources humaines devraient permettre à tout Sénégalais de participer au développement du pays sans étiquette ni considération politique, religieuse ou sociale.

C'est la mise en œuvre, de manière concrète, du principe d'égalité de chances devant les charges publiques prévu par la Constitution. C'est aussi une mise en œuvre pratique du slogan « Je suis le président de tous les Sénégalais » que tous les chefs de l'État sénégalais ont toujours proclamé à l'occasion de leur prestation de serment. Les personnes nommées dans ces conditions sauront qu'elles seront sanctionnées positivement ou négativement suivant l'atteinte ou non des résultats qui leur étaient fixés. Le risque de politisation de l'administration, avec comme corolaire le détournement de deniers publics, sera ainsi écarté au profit d'une gestion vertueuse et efficace axée sur les résultats.

Cette réforme du pouvoir de nomination du président de la République doit aller aussi de pair avec une meilleure autonomie de l'Assemblée nationale. Pour y parvenir, il faudrait définitivement interdire au président de la République de diriger un parti politique. En effet, de par sa posture à la tête de son parti, le président peut influencer le choix des candidats aux élections législatives. Et, par ce biais, maîtriser l'Assemblée nationale jusqu'à même choisir son président et tous les autres membres du bureau.

Cette pratique ne permet pas d'avoir un Parlement de rupture, véritable émanation du peuple souverain, exerçant de manière responsable sa fonction de contrôle de l'action gouvernementale. Les rapports actuels entre le pouvoir exécutif et le pouvoir législatif, tels que définis dans la Constitution, permettent d'avoir un Parlement qui collabore et qui sanctionne. Mais ce rôle peut être dévoyé en chambre d'applaudissement si le Parlement est dominé par le président de la République à travers sa capacité de choisir directement les candidats députés de son parti ou de sa coalition.

Cette réforme doit intégrer un changement de comportement des partis politiques, en termes de démocratisation des processus de choix de leurs candidats aux élections législatives. Il faudra, par une loi, exiger des élections au sein des formations politiques pour le choix de leurs candidats. Cette compétition libérera le futur député des pressions des nomenklaturas au sommet des partis politiques. En conséquence, le Parlement se composera de membres représentatifs du peuple et non de leurs formations politiques ou du président de la République. La loi doit même exiger la prise en compte de cette compétition à l'intérieur des partis comme un des critères de leur financement.

En définitive, il faut dire que la réforme du système judiciaire pour le renforcement de son indépendance ne peut avoir de sens que dans le cadre plus global ou systémique d'une réforme de l'ensemble des institutions.

UNE FORTE DÉPENDANCE FINANCIÈRE DE LA MAGISTRATURE VIS-À-VIS DU POUVOIR EXÉCUTIF. L'article 18 du décret n° 2003-101 du 13 mars 2003, portant règlement général sur la comptabilité publique, prévoit qu'au Sénégal chaque ministre est administrateur des crédits de son département. Il délègue ce pouvoir à des fonctionnaires choisis au sein de son département : les directeurs et chefs de service, notamment le directeur ou chef de service de l'administration générale et de l'équipement.

L'article 19 dudit décret fait du ministre de l'Économie et des Finances l'unique ordonnateur des dépenses inscrites dans le budget des différents ministères. Ces dispositions rendent le pouvoir judiciaire totalement dépendant du pouvoir exécutif, tant du point de vue de l'élaboration que de l'exécution de son budget. En effet, les budgets destinés aux cours et tribunaux sont arrêtés par les seules autorités de l'exécutif qui définissent ainsi les orientations. En dehors des budgets de fonctionnement administrés par les présidents de cour, de juridictions et chefs de Parquet, tout le budget d'investissement (projets et programmes) est exécuté par des autorités centrales souvent même membres du cabinet du garde des Sceaux, ministre de la Justice. Même la gestion du palais de justice de Dakar relève directement des services centraux du ministère de la Justice.

Il s'y ajoute que, parfois, se fondant sur leurs prérogatives en matière de réaménagement budgétaire, le président de la République ou le ministre de l'Économie et des Finances, en cas de besoin, fasse migrer en cours de gestion une partie des crédits destinés aux juridictions vers d'autres secteurs.

Ces restrictions perturbent toute la planification des besoins ainsi que le fonctionnement des juridictions. Cette dépendance financière de la magistrature vis-à-vis du pouvoir exécutif est une réalité qui affecte presque tous les systèmes africains. Elle place ainsi la justice dans une situation de précarité, souligne madame Fatoumata Diakité, vice-présidente de l'Union internationale des magistrats, lors de son allocution à la Conférence internationale sur l'indépendance de la magistrature organisée à Lomé, en novembre 2006.

L'indépendance de la justice doit être garantie par un système de gestion financière qui donne aux cours et tribunaux une réelle autonomie. Pour ce faire, la loi devrait être modifiée dans le sens de faire du président de la Cour suprême l'administrateur des crédits des juridictions et du Procureur général près ladite cour l'administrateur des crédits des Parquets. Ils peuvent déléguer ces pouvoirs aux différents chefs de juridiction et de Parquet. Il s'agira aussi de renforcer les prérogatives de ces derniers en matière d'élaboration et d'arbitrages budgétaires.

Par ailleurs, ces autorités judiciaires (président de la Cour suprême et Procureur général) doivent être investies de pouvoirs d'ordonnancement des dépenses.

Cependant, ces réformes impliquent la mise en place, au sein des juridictions, de véritables bureaux de gestion administrative et financière, animés par des professionnels bien formés et ayant le profil requis. Ces bureaux doivent être coordonnés par une direction générale instituée au sein de la Cour suprême et dotée des pouvoirs que possède un directeur de l'administration générale et de l'équipement tel qu'il existe au sein des ministères. Naturellement, le directeur de cette structure, à qui le président de la Cour suprême et le Procureur général près ladite cour délègueront principalement le pouvoir d'ordonnateur des budgets, doit être un professionnel de l'administration et des finances.

Ces réformes doivent être menées de manière progressive, suivant un plan d'action qui prend en compte la formation des ressources humaines et une mise en place séquentielle des services. Ainsi, à terme, tous les projets et programmes relatifs aux juridictions et gérés par les services centraux du ministère de la Justice seront transférés au sein des juridictions.

SECTION II : L'INDÉPENDANCE DE LA MAGISTRATURE VUE SOUS L'ANGLE DE L'INAMOVIBILITÉ DU MAGISTRAT DU SIÈGE

Comme il a été dit, l'article 90 de la Constitution sénégalaise indique que les magistrats du siège sont inamovibles. Cependant, l'article 5 de la loi organique n° 92-27 du 30 mai 1992, portant statut des magistrats, tempère ce principe fondamental pour l'indépendance du juge, en précisant que « toutefois, lorsque les nécessités du service l'exi-gent, les magistrats du siège peuvent être provisoi-rement déplacés par l'autorité de nomination ».

Ces dispositions méritent d'être réformées dans le sens de proclamer simplement le principe de l'inamovibilité sans y apporter ce tempérament qui, selon la formule heureuse de Mamadou Mansour Sy, dans tome II du *Traité d'organisation judiciaire comparée*, édité par la fondation Justice dans le monde, peut être assurément « la porte ouverte à tous les abus ».

SECTION III : L'INDÉPENDANCE DE LA MAGISTRATURE VUE SOUS L'ANGLE DE LA GESTION DE LA CARRIÈRE DES MAGISTRATS

Les magistrats avancent en grade et par ancienneté, suivant des règles définies dans leur statut et le décret n° 92-957 du 17 juin 1992. À ce système d'avancement automatique s'ajoute un avancement au choix.

L'accès aux divers emplois de chaque grade est soumis à des conditions d'ancienneté. Pour être promus aux avancements, les magistrats sont soumis chaque année à une notation. Les éléments de la notation portent sur une appréciation circonstanciée et tous renseignements sur la valeur professionnelle et morale de chaque magistrat. Il s'agit notamment des éléments suivants : tenue et présentation ; bons sens, jugement, esprit de synthèse ; culture générale ; autorité, sens des responsabilités, sens de caractère ; pondération, sens de la mesure ; puissance de travail ; méthode et sens de l'organisation ; connaissances juridiques et sens de l'application du droit ; qualité de rédaction ; aptitude à la présidence des audiences ; qualité d'administrateur ; aptitude à la parole.

Une analyse de ces principes qui gouvernent la gestion de la carrière des magistrats révèle un certain nombre d'obstacles à la mise en œuvre de l'indépendance de la magistrature. D'un point de vue général, il ne serait pas superflu de s'interroger sur l'efficacité d'un système exclusivement basé sur la carrière d'un corps, surtout dans le corps judiciaire, qui par nature ne devrait pas connaître de hiérarchie au sens strict du terme. Le système des pays de tradition juridique anglo-saxonne et le débat actuellement en cours dans divers pays continentaux, sur la limitation dans le temps aux fonctions de chefs de juridiction, doivent inciter à une réflexion sur la pertinence ou l'opportunité d'une organisation « pyramidale » du pouvoir judiciaire. Il serait tout aussi utile de s'interroger sur le bien-fondé d'un système où l'avancement au grade ou au choix est forcément lié à l'avancement dans les fonctions effectivement exercées.

En effet, comme on peut le constater, certains éléments de notation qui sont très subjectifs et le système d'avancement au choix ainsi que le principe hiérarchique en vigueur créent un état de subordination psychologique des « inférieurs » et favorise un esprit de conformisme qui conduit parfois les magistrats à vouloir plaire à leurs supérieurs hiérarchiques en se soumettant aux instructions de toute sorte et à leurs injonctions.

Le principe hiérarchique se pose comme une entorse au principe de l'indépendance de la magistrature, car notre loi fondamentale, en son article 90, alinéa 2, proclame que « les juges ne sont soumis qu'à l'autorité de la loi dans l'exercice de leurs fonctions ». Il faudrait même songer à ajouter à cette disposition, à l'instar de la Constitution italienne, que « les magistrats ne se différencient entre eux que par la diversité de leurs fonctions », ceci pour une garantie non seulement de l'indépendance de la magistrature à l'égard du pouvoir exécutif ou d'autres pouvoirs, mais aussi de l'indépendance « interne » ; celle de chaque magistrat vis-à-vis de la hiérarchie et du corps judiciaire. Car, tout magistrat, à quelque endroit de la hiérarchie qu'il se place, exerce le même pouvoir de juger.

Le système actuel de la gestion de la carrière des magistrats (évaluations, affectations et nomination) doit être réformé en tenant compte d'une véritable garantie de l'indépendance de chaque magistrat, et d'une meilleure prise en compte de la compétence, de l'intégrité morale des magistrats dans l'attribution des fonctions et non d'un simple principe d'ancienneté ou d'un réseau relationnel.

Ces réformes doivent s'inspirer des documents internationaux qui traitent de la gestion de la carrière des magistrats. La définition d'un cadre normatif ou d'un système capable d'assurer au mieux un choix de carrière, de nomination fondé exclusivement sur le mérite et sur les aptitudes professionnelles des magistrats doit nécessairement passer par des principes admis en la matière au plan universel. À ce propos, toutes les déclarations, toutes les résolutions et tous les principes internationaux semblent militer en faveur de l'élimination de toute influence de la part du pouvoir exécutif sur la nomination des juges. On pourra dire à cet égard, pour reprendre les propos du rapport présenté à la conférence internationale sur « l'indépendance de la magistrature », organisée à Lomé du 12 au 15 novembre 2006, que les documents internationaux touchant au problème de l'indépendance du pouvoir judiciaire doivent être lus et interprétés aujourd'hui comme une mosaïque, comme un cadre complexe constituant un véritable *corpus juris* international et transnational sur le statut des magistrats.

On pourra citer à ce propos la recommandation n° R (94) 12 du comité des ministres du Conseil de l'Europe aux États membres sur l'indépendance, l'efficacité et le rôle des juges, selon laquelle « toute décision concernant la carrière professionnelle des juges devrait reposer sur des critères objectifs, et la sélection et la carrière des juges devraient se fonder sur le mérite, eu égard à leurs qualifications, leur intégrité, leur compétence et leur efficacité ».

Pour éviter toute influence de la part de l'exécutif, la recommandation énonce un principe fondamental : « L'autorité compétente en matière de sélection et de carrière des juges devrait être indépendante du gouvernement et de l'administration. Pour garantir son indépendance, des dispositions devraient être prévues pour veiller, par exemple, à ce que ses membres soient désignés par le pouvoir judiciaire et que l'autorité décide elle-même de ses propres règles de procédure ». S'agissant des autres textes internationaux en la matière, on pourra citer l'article 10 des principes fondamentaux sur l'indépendance de la magistrature élaborée en 1985 par l'ONU, selon lequel « les personnes sélectionnées pour remplir les fonctions de magistrat doivent être intègres et compétentes et justifier d'une formation et d'une qualification juridiques suffisantes. L'article 9 du statut universel du juge, approuvé par le conseil central de l'Union internationale des magistrats en 1999, stipule également que « le recrutement et chacune des nominations du juge doivent se faire selon des critères objectifs et transparents fondés sur la capacité professionnelle ».

En se fondant donc sur ces principes admis au plan universel, le système sénégalais de nomination des magistrats, basé exclusivement sur le critère de l'ancienneté et favorisant l'influence de l'exécutif sur les choix de carrière, devrait être sérieusement repensé. Il s'agira d'évoluer vers un système de gestion des carrières axé sur les résultats, intégrant la performance, la compétence et l'intégrité du magistrat.

Pour y parvenir, le système doit se fonder sur une planification annuelle des activités adossée aux objectifs stratégiques du secteur, avec l'adoption d'indicateurs quantitatifs et qualitatifs pouvant permettre une évaluation objective de chaque magistrat suivant la spécificité de la fonction occupée.

Les indicateurs d'atteinte des résultats et d'évaluation des magistrats fixés doivent faire l'objet de larges discussions. Sans être exhaustifs, ces indicateurs doivent intégrer les éléments ci-après : méthode et sens de l'organisation, connaissance juridique et sens de l'application du droit, qualité de rédaction des décisions, aptitude à la parole, nombre de décisions rendues, respect des délais de procédure, diplômes universitaires obtenus (post-maîtrise en sciences juridiques), ouvrages et articles scientifiques publiés dans le domaine juridique.

Section IV : L'indépendance de la justice vue sous l'angle des privilèges de juridiction accordés aux autorités politiques justiciables de la Haute Cour de Justice

L'examen de la composition de la Haute Cour de Justice, de la procédure de mises en accusation, de la nature de l'infraction pour laquelle le président de la République peut être poursuivi révèle de sérieux obstacles à l'indépendance de cette cour.

En effet, la composition de la Cour reflète un aspect excessivement politique. Sur les neuf juges titulaires qui la composent, les huit sont des députés. Seul le président est magistrat professionnel. Cela enlève à la Cour tout caractère judiciaire et constitue un risque réel de soumission de ses membres aux calculs politiciens plus qu'à l'application rigoureuse de la loi telle qu'attendue d'une véritable juridiction indépendante.

Ces risques sont d'autant plus avérés que le comportement des députés, du fait des phénomènes majoritaires, obéit davantage à une défense des intérêts des groupes politiques dominants. Des députés inféodés au pouvoir exécutif – parce qu'investis sur les listes électorales, et même proposés comme président de l'Assemblée nationale ou membre du bureau de l'institution par le président de la République, chef de parti et chef de coalition majoritaire – ne peuvent pas donner des garanties de juges indépendants. D'où la nécessité de réformer la composition de cette Cour en faisant de sorte que les magistrats professionnels y soient majoritaires. Lesquels ne doivent non plus être nommés par le président de la République, mais plutôt par le Conseil supérieur de la magistrature réformé tel que prôné aux chapitres précédents.

Du point de vue des procédures, il faut signaler que le président de la République et les ministres justiciables de la Haute Cour de Justice ne peuvent être poursuivis que sur décision du gouvernement et à la suite d'une résolution issue d'un vote de l'Assemblée nationale transmise par le président de l'Assemblée nationale au Procureur général près la Cour suprême.

Pour les mêmes motifs liés aux phénomènes majoritaires et partisans, il est aisé de deviner que la poursuite des autorités politiques peut se heurter à de multiples barrières. Ces privilèges de juridiction, tels qu'organisés dans les procédures de poursuite où seules les autorités gouvernementales et législatives agissent, ressemblent plus à une impunité légalement organisée. Ces procédures ne sont pas conformes aux exigences de bonne gouvernance et d'égalité des citoyens devant la loi. Il y a donc lieu de les réformer en éliminant les prérogatives réservées au gouvernement et à l'Assemblée nationale dans les fonctions de poursuite, tout en réservant les fonctions de poursuite au seul Procureur général élu, comme proposé dans les chapitres précédents, par le collège des magistrats et celui des députés.

On peut aussi noter que le président de la République ne peut être poursuivi que pour haute trahison. Sans pour autant remettre en cause le souci du législateur qui consiste à limiter la possibilité tous azimuts de poursuivre le président de la République au regard de la stabilité et de la quiétude nécessaires à la nature de la très haute fonction qu'il exerce, il y a néanmoins nécessité de redéfinir des conditions de mise en responsabilité du président de la République plus précises et conformes aux exigences de la loi pénale.

En effet, la notion de haute trahison n'est pas concise et ne renvoie à aucun fait que l'on peut appréhender. Il appartiendra, en cas de contentieux, aux juges saisis de donner un contenu à la notion, sur la base des faits reprochés au président de la République. Or la loi pénale ne procède pas ainsi. Toute infraction est définie, du point de vue de ses éléments constitutifs, par la loi qui est d'interprétation stricte. En cas d'absence de cette base légale, le prévenu est relaxé purement et simplement. Suivant cette logique, la notion de haute trahison ne pouvant pas être appréhendée, faute de texte qui donne de manière précise son contenu, il s'ensuit que le président de la République bénéficie dans les faits d'une immunité juridictionnelle absolue. Cela n'est pas conforme aux principes de justice sociale et de bonne gouvernance qu'il est censé lui-même incarner pour servir d'exemple aux citoyens.

Il s'agira donc de préciser dans la loi, à l'image de beaucoup de pays africains, la notion de haute trahison pour que le premier dirigeant de l'État de droit dont le Sénégal se réclame tant puisse être appréhendé par la justice au cours de l'exercice de ses fonctions. Ainsi, sont considérés comme actes de haute trahison dans la plupart des cas, comme au Bénin : la violation de son serment par le président de la République, les cas de violations graves et caractérisées des droits de l'homme, la cession frauduleuse d'une partie du territoire national. En plus de ces cas, tout acte attentatoire au maintien d'un environnement sain, satisfaisant, durable et favorable au développement est aussi considéré comme une haute trahison.

SECTION V : QUELLES GARANTIES POUR UNE ADMINISTRATION LÉGALE, VERTUEUSE ET NON ABUSIVE DE LA JUSTICE PAR LES MAGISTRATS ?

L'idée d'une justice autonome et indépendante du pouvoir exécutif suscite une certaine méfiance de la part de beaucoup de personnes. En effet, les magistrats laissés à eux-mêmes pourraient être tentés d'abuser de leur pouvoir. Ce qui déboucherait sur une situation d'injustice ou d'anarchie préjudiciable à la paix sociale et à la sécurité des personnes et de leurs biens.

Cette situation, que l'on qualifie communément de « gouvernement des juges », ne devrait pas cependant justifier le refus d'une justice indépendante du pouvoir exécutif. Car le système actuel, caractérisé par une forte dépendance de la justice vis-à-vis du président de la république et du ministre de la Justice, n'offre aucune garantie pour une magistrature libre, à équidistance des groupes de pression et s'exerçant de matière neutre, dans le respect des principes d'égalité de tous les citoyens devant la loi.

En effet, la réforme de notre système judiciaire en vue de le rendre plus indépendant est une exigence du niveau actuel de notre démocratie. C'est un impératif catégorique. Notre pays a des bases de démocratie très solides qui permettent de faire le saut vers un pouvoir judiciaire indépendant du pouvoir exécutif. Il suffit de jeter un regard rétrospectif sur son évolution politique et démocratique pour s'en convaincre.

En effet, de la période coloniale à l'accession à la souveraineté internationale, le Sénégal a connu une démocratie pluraliste et électorale avec l'existence de courants politiques divers et de leaders politiques aguerris, emblématiques et bien formés. On peut citer, entre autres, Ngalandou Diouf, Blaise Diagne, Lamine Guèye, Léopold Sédar Senghor, Mamadou Dia et Majhmout Diop.

À partir de 1962, la crise politique entre Senghor et Dia a réorienté notre marche vers une période de parti unique jusqu'en 1974, année de la réforme qui va faire revenir un pluralisme politique limité à quatre courants de pensée. Puis, à partir de 1981, le multipartisme intégral, instauré par Abdou Diouf, amorce une longue marche démocratique qui a solidement jeté les bases d'une démocratie électorale, de confrontation d'idées et d'opinions. Ce pluralisme politique a, en même temps, favorisé l'émergence d'une société civile forte à travers les mouvements de femmes, de jeunesse, les organisations syndicales et de droit de l'homme.

Ce dynamisme démocratique, qui était perçu comme une exception en Afrique où la pensée unique régnait en maître, a débouché sur deux alternances politiques majeures dont celle historique et pacifique de 2000 qui a porté au pouvoir Abdoulaye Wade et ses alliés, des opposants ayant enregistré plus de vingt ans de lutte politique légale contre le régime socialiste dans une Afrique où la seule réponse politique apportée aux opposants était la conspiration et la « guillotine ».

Aujourd'hui donc, après avoir connu tout ce parcours, notre démocratie doit être approfondie et renforcée, en se dotant d'institutions politiques, administratives et judiciaires répondant mieux à l'évolution des mentalités et aux besoins de notre développement économique et social. C'est dans ce cadre que se situe la nécessité de repenser le système judiciaire dans la perspective d'une justice légale, vertueuse et non abusive.

Pour ce faire, il s'agira d'aménager les mécanismes institutionnels de contrôle de l'action de la justice, à travers notamment la création (en dehors du Conseil supérieur de la magistrature) d'une structure supérieure de veille et d'alerte sur l'éthique et la déontologie des magistrats.

Le rôle de cette entité sera de mener des investigations sur les cas supposés ou réels de corruption ou d'abus de pouvoir, d'en dresser rapport à transmettre au Conseil supérieur de la magistrature chargé d'apprécier les faits et de prononcer les mesures disciplinaires qui s'imposent, conformément aux textes régissant les magistrats.

Son rôle sera aussi de recevoir les déclarations de patrimoine des magistrats à l'entrée dans le corps, suivant une périodicité régulière et à la sortie du corps. Cette mesure, qui entre dans le cadre de la transparence et de la bonne gouvernance, permettrait de lutter à titre préventif contre l'enrichissement illicite de tout magistrat à partir de son pouvoir ou de réprimer tout comportement de ce genre. Une telle mesure devrait d'ailleurs être élargie aux cadres des régies financières (douanes, impôts et domaines, trésor), aux corps de contrôle (inspecteurs généraux d'État, contrôle financier, inspecteurs internes des ministères, agences et établissements publics), aux administrateurs de crédits et ordonnateurs de dépenses et recettes ou leurs délégués.

Enfin, la structure supérieure de veille et d'alerte formulera des propositions d'amélioration des conditions de vie des magistrats. L'objectif est de les mettre à l'abri du besoin en les dotant de moyens financiers et matériels à la dimension de leurs fonctions particulières.

CONCLUSION

L'indépendance de la magistrature au Sénégal a été proclamée et consacrée au plan textuel et institutionnel. Toutefois, force est de constater que cette indépendance est tempérée par les prérogatives exorbitantes que détient le président de la République dans la nomination des magistrats, la subordination du Parquet au gouvernement et une totale dépendance financière du pouvoir judiciaire vis-à-vis du pouvoir exécutif.

Tant que le système judiciaire reposera sur ces trois fondements, l'indépendance de la justice ne dépassera jamais le fétichisme langagier consistant en une simple adhésion à une demande terminologique. Il urge de rénover, de réformer le système dans une perspective de réelle séparation du pouvoir judiciaire vis-à-vis du pouvoir exécutif et de le doter d'une autonomie financière propre à garantir aux magistrats une aisance financière et matérielle les mettant à l'abri de toute tentation.

Cependant, il importe de souligner que, sécurisé ou pas sur le plan institutionnel ou financier, le magistrat doit en toutes circonstances observer un comportement éthique. Car l'indépendance est une vertu et, à ce titre, elle ne peut se limiter à une simple affirmation incantatoire. Le but visé à travers l'indépendance judiciaire n'est pas de procurer aux magistrats un confort matériel, financier et de carrière, mais de garantir aux citoyens que ceux qui sont chargés de les juger ne se prononceront qu'en leur intime conviction sans subir d'interventions pesant sur leurs jugements.

Comme l'illustrent les propos de Tun Suffian, ancien *Lord President* de la Cour fédérale de justice de Malaisie, « il sied aux juges de ce monde d'être aux aguets contre toute érosion de leur indépendance ».

RÉFÉRENCES BIBLIOGRAPHIQUES

Collection « Livres de l'Union internationale des magistrats », vol. 3 – *L'indépendance de la magistrature*, Del Rey Editora, 2011.

Jean Pradel, *Procédure pénale*, 13ème édition – Éditions Cujas.

Thomas Hobbes, *Léviathan*, Gallimard, collection « Folio ».

Montesquieu, *De l'Esprit des lois*.

Alexis de Tocqueville, *De la démocratie en Amérique*, Gallimard, collection « Folio histoire ».

Jean-Jacques Rousseau, *Le contrat social*.

Maître Doudou Ndoye, *La Constitution sénégalaise du 7 janvier 2001 commentée et ses pactes internationaux annexés*, Éditions juridiques africaines, édition juillet 2011.

Abdoulaye Oumar Dieng, *La lutte contre le blanchiment des capitaux et le financement du terrorisme : présentation et analyse du dispositif sénégalais*, Imprimerie Saint-Paul, novembre 2012.

Abdoullahi Y. Shehu, *Stratégies et techniques de poursuite judiciaire des crimes économiques et financiers*, publié par le GIABA (Groupe intergouvernemental d'action contre le blanchiment d'argent), 2012.

Fatou Oumar Ndiaye Diop, *La corruption et les délits voisins*, EXCAF édition.

Loi n° 2014-26 du 03 novembre 2014 abrogeant et remplaçant la loi no 84-19 du 02 février 1984 fixant l'organisation judiciaire.

Loi n° 65-61 du 21 juillet 1965 portant code de procédure pénale du Sénégal.

Loi n° 81-53 du 10 juillet 1981 relative à la répression de l'enrichissement illicite.

Loi n° 81-54 du 10 juillet 1981 créant la Cour de répression de l'enrichissement illicite (CREI).

Loi n° 84-19 du 2 février 1984 fixant l'organisation judiciaire.

Loi organique n° 92-232 du 23 mai 1992 portant création du Conseil constitutionnel.

Loi organique n° 92-27 du 30 mai 1992 portant statut des magistrats.

Loi organique n° 99-70 du 17 février 1999 relative à la Cour des comptes.

Loi organique n° 2002-10 du 22 février 2002 portant sur la Haute Cour de Justice.

Loi organique n° 2008-35 du 07 août 2008 relative à la Cour suprême.

Décret n° 2015-1039 du 20 juillet 2015 portant aménagement de l'organisation judiciaire.

Décret n° 2015-1145 du 03 août 2015 fixant la composition et la compétence des cours d'appel, des tribunaux de grande instance et des tribunaux d'instance.

Décret n° 84-1194 du 22 octobre 1984 modifié par le décret n° 92-916 du 17 juillet 1992 relatif aux cours d'appel.

Décret n° 2003-101 du 13 mars 2003 portant règlement général sur la comptabilité publique.

Décret n° 2007-554 en date du 30 avril 2007 portant organisation et fonctionnement du ministère de la Justice.

TABLE DES MATIÈRES

L'HARMATTAN ITALIA
Via Degli Artisti 15; 10124 Torino

L'HARMATTAN HONGRIE
Könyvesbolt ; Kossuth L. u. 14-16
1053 Budapest

L'HARMATTAN KINSHASA
185, avenue Nyangwe
Commune de Lingwala
Kinshasa, R.D. Congo
(00243) 998697603 ou (00243) 999229662

L'HARMATTAN CONGO
67, av. E. P. Lumumba
Bât. – Congo Pharmacie (Bib. Nat.)
BP2874 Brazzaville
harmattan.congo@yahoo.fr

L'HARMATTAN GUINÉE
Almamya Rue KA 028, en face du restaurant Le Cèdre
OKB agency BP 3470 Conakry
(00224) 60 20 85 08
harmattanguinee@yahoo.fr

L'HARMATTAN CAMEROUN
BP 11486
Face à la SNI, immeuble Don Bosco
Yaoundé
(00237) 99 76 61 66
harmattancam@yahoo.fr

L'HARMATTAN CÔTE D'IVOIRE
Résidence Karl / cité des arts
Abidjan-Cocody 03 BP 1588 Abidjan 03
(00225) 05 77 87 31
etien_nda@yahoo.fr

L'HARMATTAN MAURITANIE
Espace El Kettab du livre francophone
N° 472 avenue du Palais des Congrès
BP 316 Nouakchott
(00222) 63 25 980

L'HARMATTAN SÉNÉGAL
10 VDN en face Mermoz, après le pont de Fann
BP 45034 Dakar Fann
33 825 98 58 / 33 860 9858
senharmattan@gmail.com / senlibraire@gmail.com
www.harmattansenegal.com

L'HARMATTAN BÉNIN
ISOR-BENIN
01 BP 359 COTONOU-RP
Quartier Gbèdjromèdé,
Rue Agbélenco, Lot 1247 I
Tél : 00 229 21 32 53 79
christian_dablaka123@yahoo.fr

Achevé d'imprimer par Corlet Numérique - 14110 Condé-sur-Noireau
N° d'Imprimeur : 127991 - Dépôt légal : avril 2016 - *Imprimé en France*